Lenz · Das Buch der 1000 Kinderwitze

Nikolaus Lenz

Das Buch der 1000 Kinderwitze

Loewe

Die Deutsche Bibliothek – CIP-Einheitsaufnahme

Lenz, Nikolaus:
Das Buch der 1000 Kinderwitze / Nikolaus Lenz.
1. Aufl. – Bindlach: Loewe, 1994
ISBN 3-7855-2688-1

ISBN 3-7855-2688-1 – 1. Auflage 1994

Umschlagillustration: Brian Bagnall
Umschlaggestaltung: Creativ GmbH Kolb, Leutenbach
Satz: DTP im Verlag

Inhalt

Wenn das Schule macht

Norbert kommt von der Schule nach Hause und legt ein fürchterliches Benehmen an den Tag. Er rülpst, wirft die Jacke in eine Ecke und legt die Füße mit den schmutzigen Stiefeln auf den Küchentisch.
„Ja bist du denn jetzt vollkommen verrückt geworden?“ herrscht ihn die Mutter an.
„Nein, wieso denn, das hat mir der Lehrer erlaubt.“
„Das glaubst du ja wohl selber nicht!“ erregt sich die Mutter.
„Doch, er hat gesagt: ‚Das kannst du bei dir zu Hause machen!‘“

Johannes kommt vom ersten Schultag nach Hause. „Na, und hast du heute auch schon was gelernt?“ erkundigt sich der Vater.
„Ja, allerdings“, berichtet Johannes. „Alle anderen Kinder bekommen viel mehr Taschengeld als ich!“

Mark besucht die kranke Lehrerin im Spital. Seine Klassenkameraden warten vor dem Krankenzimmer. Da kommt Mark heraus. Er macht einen niedergeschlagenen Eindruck. Seine Mitschüler starren ihn fragend an.
„Es gibt keine Hoffnung mehr“, berichtet Mark mit stockender Stimme. „Sie kommt morgen wieder in die Schule.“

Uwe kommt nach Hause. Die Mutter erwartet ihn schon und herrscht ihn an: „Der Lehrer hat sich schon wieder beschwert. Du benimmst dich einfach unmöglich!“
„Ach, wie will denn der das wissen“, meint Uwe gelassen. „Wo ich doch schon über eine Woche nicht mehr in der Schule war!“

Lukas macht seine Aufgaben. Jetzt muß er nur noch einen Aufsatz über Jäger schreiben. Gleich beim ersten Satz braucht er Vaters Hilfe.
„Vati“, will er wissen, „wie schreibt man eigentlich ‚Gewehr‘, mit ‚ä‘ oder mit ‚e‘?“
„Tja, mein Junge, da mußt du mir zuerst einmal sagen, welches Gewehr du meinst“, sagt der Vater.
„Na, das Gewehr, mit dem man schießen kann!“ erklärt Lukas.
„Also, paß mal auf“, sagt der Vater. „Das ist ganz einfach.“ Dann überlegt er. Und überlegt. Und überlegt. Schließlich meint er: „Schreib doch einfach ‚Flinte‘. Da weiß ich genau, wie man das schreibt. Mit ‚V‘ nämlich!“

Norbert hat ein hundsmiserables Zeugnis nach Hause gebracht. Die einzige gute Note hat er im Fach Singen.
„Das versteh’ ich nicht“, murmelt der Vater, „daß man mit solchen Noten noch singen kann!“

Bernhard ist verzweifelt: „Papa“, ruft er, „diesen Aufsatz schaffe ich nie alleine! Du mußt mir helfen!“
„Also gut“, meint der Vater nach einigem Zögern, „wie heißt denn das Thema?“
„Der Vorteil eigenständiger Arbeit.“

Der kleine Ralf kommt bestens gelaunt von der Schule nach Hause. „Nanu“, wundert sich die Mutter, „bist du aber heute gut aufgelegt.“
„Klar doch“, sagt Ralf, „morgen haben wir schulfrei!“
„Wieso“, fragt die Mutter, „wer hat euch das gesagt?“
„Der Lehrer“, ruft Ralf. „Am Schluß der Stunde hat er ganz deutlich gesagt: ‚Für heute ist Schluß, morgen fahr’ ich fort!‘“

Fritzchen hat sich vom Lehrer ein Buch ausgeliehen. Leider wird er krank und hat ziemliche Halsschmerzen. Daher kann er das Buch nicht rechtzeitig zurückgeben.
Also schreibt der Vater dem Lehrer einen Brief: „Mein Sohn Fritz kann Ihnen das Buch heute leider nicht zurückbringen, er hat es im Hals.“

In der Musikstunde. „Was ist das wichtigste Streichinstrument?“ fragt der Lehrer.
Hubert zeigt auf: „Der Pinsel!“

„Hatten die Soldaten früher eigentlich nie was an?“ fragt Sabine den Geschichtslehrer.
„Wie kommst du denn auf so einen Unsinn?“ erkundigt sich der Lehrer.
„Na, hier im Geschichtsbuch steht doch: ‚Die Karthager waren ausgezogen, um Rom zu erobern.‘“

In der Biologiestunde. „Anton“, fragt der Lehrer, „wie groß ist eigentlich ein Kamel?“
„Nicht größer als Sie!“ antwortet Anton.
„Wie kommst du denn darauf?“ wundert sich der Lehrer.
„Meine Mutter sagt immer: ‚Ein größeres Kamel als euren Biologielehrer gibt es nicht!‘“

Der Lehrer verärgert zu Peter: „Ich hoffe, daß ich dich nie wieder beim Abschreiben erwische!“
„Das hoffe ich auch!“

Heute lautet das Aufsatzthema: „Wenn ich Direktor wäre“.
Alle Kinder beginnen sofort, wild draufloszuschreiben, damit sie nur ja fertig werden. Bloß Felix sitzt gelangweilt da und macht keinen Strich. „Was ist denn heute mit dir los, Felix?“ erkundigt sich der Lehrer erstaunt.
„Ich warte auf die Sekretärin.“

Nächste Deutschstunde, nächster Aufsatz. Das Thema: „Ein Besuch bei Verwandten".
Max ist als erster fertig. Das kommt dem Lehrer verdächtig vor. „Max", ruft der Lehrer, „lies uns doch einmal vor, was du geschrieben hast!"
Max steht auf und liest vor: „Wir fuhren zu unseren Verwandten, aber sie waren leider nicht zu Hause."

Im Biologieunterricht. Der Lehrer führt ein Experiment vor. Er stellt zwei Gläser auf den Tisch. In jedem Glas ist ein Wurm. Das eine Glas ist mit Wasser gefüllt, das andere mit Alkohol. Der Wurm im Wasserglas ist putzmunter, der im Glas mit Alkohol ist mausetot.
„Was können wir daraus lernen?" fragt der Lehrer.
Meldet sich Josef: „Wer säuft, kriegt keine Würmer!"

Morgen ist Wandertag. Der Lehrer erklärt den Kindern einige Dinge, auf die sie beim Wandern achten müssen. Und dann stellt er einige Fragen.
„Was macht man, wenn plötzlich ein Gewitter aufzieht?" will er wissen.
„Dann muß man sich schnell auf den Boden legen!" erklärt Franz.
„Und warum?"
„Damit der Blitz glaubt, daß man schon tot ist!"

Im Geographieunterricht. Heute wird geprüft. „Kannst du mir auf der Karte zeigen, wo Amerika liegt?“ will der Lehrer wissen.
Herbert fuchtelt unsicher herum, und dann zeigt er tatsächlich auf Amerika.
„Und wer hat Amerika entdeckt?“ fragt der Lehrer.
„Herbert!“ ruft die ganze Klasse.

Im Erdkundeunterricht. Der Lehrer will den Kindern die Kugelform der Erde klarmachen.
„Jetzt mal angenommen“, sagt er, „ich würde einen Spaten nehmen und dort draußen ein ganz tiefes Loch graben. Und immer weitergraben und immer weitergraben. Und wenn ich nie aufhören würde zu graben, wohin würde ich da schließlich kommen?“
Felix meldet sich: „Ins Irrenhaus!“

Lehrer: „Von einer Landzunge sprechen wir, wenn ein Stück Land ins Meer hineinragt. Und wie heißt es, wenn ein Stück Meer ins Land hineinragt?“
Sabine: „Seezunge!“

Der Lehrer bespricht die großen Erfinder.
„Die meisten berühmten Erfinder“, erzählt er, „waren nicht nur außerordentlich gescheit, sondern sie waren auch sehr gute Menschen. Samuel

Morse und Alexander Graham Bell beispielsweise haben arme, taubstumme Frauen geheiratet. Was können wir daraus lernen?“
Jürgen steht auf: „Wenn man etwas leisten will“, ruft er, „muß man zu Hause Ruhe haben!“

Letzter Schultag. Der Lehrer fordert die Schüler auf, sich zum Gruppenbild zusammenzustellen. „Stellt euch vor, wie nett es ist“, sagt er, „wenn ihr euch in dreißig Jahren das Bild anguckt und sagen könnt: Das ist Anita Bolle, die ist jetzt eine Anwältin, und das ist Fritz Knorke, der ist jetzt ein Pilot, und das ist Susi Schnösel, die ist jetzt eine Ärztin, und das ist Fritz Moser, der ist jetzt ein Dirigent.“
„Und das ist unser Lehrer“, ruft eine Stimme aus der letzten Bank, „der ist jetzt ein Gerippe.“

Erster Schultag. Fritz kommt nach Hause und klagt der Mutter sein Leid: „Wozu soll ich eigentlich in diese blöde Schule gehen? Lesen kann ich nicht, schreiben kann ich nicht, und reden läßt man mich nicht!“

Beim Elternabend in der Schule.
„Wissen Sie, Herr Brösel“, sagt der Lehrer mit gefurchter Stirn, „Ihr Sohn wird mit jedem Tag frecher und frecher. So kann es wirklich nicht weitergehen. Neulich habe ich die Kinder ge-

fragt, wer ‚Die Räuber' geschrieben habe. Antwortet der Bengel doch glatt: ‚Ich nicht!'"
Herr Brösel nimmt seinen Sprößling in Schutz: „Also, manchmal ist er schon etwas ungezogen", gibt Herr Brösel zu, „aber lügen tut der Junge eigentlich nicht. Wenn er sagt, daß er ‚Die Räuber' nicht geschrieben hat, dann hat er sie auch nicht geschrieben!"

In der Schule werden gerade die Fälle durchgenommen.
„Was ist denn das für ein Fall, wenn ich sage: ‚Die Schule macht mir Spaß'?" will der Lehrer wissen.
„Das ist ein Ausnahmefall!" meint Lutz.

Erster Schultag nach den großen Ferien. Der Lehrer fragt die Kinder, wo sie überall waren. Meldet sich Fritz: „Also wir waren in Delphi, Korinth, Makedonien, Istanbul, Saloniki und an der Peloponnes!"
„Na, da wirst du dich in Geographie aber jetzt gut auskennen", staunt der Lehrer beeindruckt.
„Genau", sagt Fritz, „hätt' ich fast vergessen, in Geographie waren wir auch!"

In der Geographiestunde erfahren die Kinder, daß sich die Erde dreht. Franzi ist beeindruckt. Nach der Schule bleibt er vor der Schule stehen.

„Worauf wartest du denn?“ will der Lehrer wissen.
„Ich warte, bis sich unser Haus vorbeidreht!“

Lehrer: „Weiß jemand, wann Rom erbaut wurde?“
Udo: „In der Nacht!“
Lehrer: „Wie kommst du denn darauf?“
Udo: „Das weiß doch jeder, daß Rom nicht an einem Tag erbaut wurde.“

Geschichtsunterricht. Man ist bei der Französischen Revolution angekommen.
„Martin“, fragt der Lehrer, „kannst du mir sagen, was die Guillotine ist?“
Martin überlegt. „War das nicht das Zeug“, erwidert er, „das sich die Rock-’n’-Roll-Typen immer in die Haare geschmiert haben?“

Lehrerin: „Wenn du zehn Pralinen hast und deinem großen Bruder die Hälfte geben mußt, wie viele Pralinen bleiben dir dann?“
Ralf: „Drei Stück.“
Lehrerin: „Wieso drei? Du wirst ja wohl noch durch zwei teilen können!“
Ralf: „Ich schon, aber mein großer Bruder leider nicht!“

Weiß jemand von euch, wie ein Gewitter entsteht?" will der Lehrer wissen.
„Das entsteht in meiner Oma!" antwortet Gustav. „Bei jedem Gewitter sagt sie: ‚Endlich ist es da, ich hatte es schon die ganze Woche in den Knochen!'"

Lehrer: „Warum steht die Erdachse schief?"
Max: „Das war aber schon, bevor ich am Globus angestoßen bin!"

In der Geschichtsstunde. Es geht um die griechischen Heldensagen. Der Lehrer will wissen, mit wem Achilles vor Troja gekämpft hat.
„Mit Pluto!" ruft Anton.
„Nein."
„Mit Nero."
„Auch nicht."
„Na, dann eben mit Hektor", ruft Anton, „auf alle Fälle war es einer von unseren Hunden!"

Der Lehrer ist mit Kläuschens Schrift ganz und gar nicht einverstanden: „Kannst du denn nicht etwas leserlicher schreiben?"
„Kann ich schon", meint Kläuschen, „aber dann schimpfen Sie wieder über meine Rechtschreibfehler!"

Fritz ist wirklich kein besonders guter Schüler. Dauernd muß ihm der Vater bei den Hausaufgaben helfen. Wieder einmal sitzen die beiden zusammen und brüten über Heften und Büchern. Nachdem Fritz zehn Seiten geschrieben hat, sagt er zum Vater: „So, jetzt können wir endlich mit der Hausaufgabe beginnen."
„Ja, was haben wir denn bis jetzt gemacht?"
„Das waren nur die Strafarbeiten!"

Martina hat zu Hause einen recht guten Aufsatz geschrieben.
„Ich weiß nicht", sagt der Lehrer, „das sieht aber ganz nach der Handschrift deines Vaters aus!"
„Das ist schon möglich", antwortet Martina, „ich hab' mir nämlich seinen Kugelschreiber ausgeborgt!"

Im Lateinunterricht fragt die Lehrerin: „Und wer von euch kann mir sagen, was uns die alten Römer voraushatten?"
Meldet sich Fritz: „Die brauchten nicht Latein zu lernen!"

Onkel Franz ist auf Besuch und will wissen, wie es seinem Neffen in der Schule so geht.
„Es geht", meint Rüdiger, „unsere Lehrerin behandelt uns wie rohe Eier."
„Na, da habt ihr aber wirklich großes Glück!"

„Glück nennst du das?“ sagt Rüdiger. „Dauernd haut sie uns in die Pfanne!“

Im Mathematikunterricht. Der Lehrer hat sich eine besonders knifflige Aufgabe ausgedacht. „Max, dein Vater verläßt um sieben Uhr München in Richtung Hamburg und fährt siebzig Kilometer in der Stunde. Sein Freund fährt erst um acht Uhr los, fährt dafür aber um zwanzig Stundenkilometer schneller. Wo treffen sich die beiden?“
„Im nächsten Wirtshaus!“ ruft Max.

Der Lehrer gibt nicht auf:
„Eine einfache Aufgabe, Max“, sagt er, „wenn du siebzig Mark in deine Hosentasche einsteckst und unterwegs einen Zehnmarkschein und ein Fünfmarkstück verlierst, was hast du dann in deiner Tasche?“
„Ein Loch“, antwortet Max.

Eine neue Aufgabe:
„Wenn ich einen Apfel, zwei Birnen, drei Orangen und vier Bananen in jeweils fünf Stücke schneide, was hab’ ich dann?“ fragt der Lehrer. Während die anderen Schüler noch voller Eifer herumrechnen, hat Fritz schon die Lösung parat: „Obstsalat!“

Religionslehrer: „Kann mir jemand sagen, was die Bibel mit dem Spruch meint: ‚Im Schweiße deines Angesichts sollst du dein Brot essen.‘?“
Rainer: „Man soll so lange essen, bis man schwitzt!“

Olaf kommt wieder einmal mit einem grauenhaften Zeugnis nach Hause. Der Vater ist wütend und brüllt: „Wenn du nur wolltest, könntest du der beste Schüler der ganzen Klasse sein!“
„Und wie ist das eigentlich mit dir in der Firma?“ fragt Olaf. „Bekommst du dort das höchste Gehalt?“

Vater: „Wer in der Klasse hat denn heute am meisten gewußt?“
Agnes: „Schon wieder die Lehrerin!“

Bodo: „Heute hat sich die Lehrerin nach dir erkundigt.“
„Wieso, wie meinst du das?“ fragt der Vater neugierig.
„Sie hat gefragt: ‚Von welchem Trottel stammst denn du ab?‘ “

Thomas kommt vom letzten Schultag nach Hause. „Vati“, sagt er, „hast du mir nicht hundert Mark versprochen, wenn ich in die nächste Klasse aufsteige?“

„Ja, das habe ich!“ erwidert der Vater freudig.
„Ich wollte dir nur sagen“, erklärt Bodo, „daß du das Geld behalten kannst!“

Edgar legt dem Vater ein Blatt Papier auf den Tisch. Darauf hat er hundertmal den Satz geschrieben „Ich bin frech, faul und dumm.“
„Was soll ich damit?“ fragt der Vater.
„Der Lehrer hat gesagt, du sollst das unterschreiben!“

Der Lehrer gibt den Kindern die Hefte zurück. „Wieder ein Ungenügend“, sagt er zu Karl, „hast du denn keinen Bruder, der mit dir lernen kann?“
„Noch nicht“, antwortet Karl, „aber in zwei Monaten bekomme ich einen!“

In der Mathematikstunde. „Klaus“, sagt die Lehrerin, „wenn deine Mutter beim Bäcker 700 Mark Schulden hat, beim Lebensmittelladen 500 Mark und beim Schuster 400 Mark, wieviel muß sie dann insgesamt zahlen?“
„Gar nichts“, meint Klaus. „Dann ziehen wir wieder um!“

„Na, Klaus“, fragt der Lehrer, „angenommen, du wärst ein großer Erfinder. Was würdest du dann gerne erfinden?“
„Eine Maschine mit einem großen roten Knopf“,

antwortet Klaus. „Wenn ich den Knopf drücke, macht die Maschine alle meine Schulaufgaben."
„Na ja", sagt der Lehrer. „Und du, Peter? Was würdest du erfinden?"
„Einen Roboter", meint Peter, „der auf den großen roten Knopf drückt!"

„Norbert", sagt die Lehrerin, „zähl doch mal die Finger an deiner rechten Hand. So. Und jetzt denke dir zwei Finger weg. Was hättest du dann?"
„Keinen Akkordeonunterricht mehr!" ruft Norbert.

„Wenn dein Vater einen Kuchen durchschneidet, wie viele Stücke hat er dann?" fragt der Lehrer.
„Fünf Stücke!" antwortet Jens.
„Ja, ist er denn ein Zauberkünstler?" will der Lehrer verärgert wissen.
„Nein", erwidert Jens, „er ist Konditor!"

Jans Zeugnis ist wieder einmal fürchterlich ausgefallen. Der Vater sagt: „Paß auf. Ich vertraue auf deine Intelligenz. Für jede gute Note bekommst du in Zukunft zehn Mark!"
Jan ist einverstanden. Am nächsten Tag geht er in der Pause zur Lehrerin und flüstert: „Ich hätte da ein Angebot. Wollen Sie sich ab und zu fünf Mark dazuverdienen?"

Der Religionslehrer fragt Bärbel, ob sie jemals die Bibel gelesen habe. „Nein“, sagt Bärbel, „ich warte auf den Film!“

Ethikunterricht. Der Lehrer erklärt, daß hinter einfachen Sprüchen oft tiefe Wahrheiten stecken. „Nehmen wir das Sprichwort ‚Ehrlich währt am längsten‘ – wer kann mir dazu ein Beispiel nennen?“
Tiefes Schweigen in der Klasse. Endlich meldet sich Max:
„Wenn ich die Aufgabe abschreibe, bin ich sofort fertig. Wenn ich ehrlich bin und sie selber löse, dann dauert es ewig!“

Im Maschinenschreibkurs. Meint der Lehrer zu Anton: „Dein Text ist ja soweit ganz in Ordnung. Aber, sag mal, wieso schreibst du ‚Vogel‘ mit ‚Ph‘?“
„Schuld ist die Schreibmaschine“, sagt Anton, „da ist das ‚F‘ kaputt!“

Gustav kommt mit neuen Schuhen in die Schule. Einer ist gelb, der andere braun.
„Du hast aber heute komische Schuhe an“, sagt Rolf.
„Stimmt“, erwidert Gustav, „und stell dir vor, zu Hause habe ich noch ein zweites Paar von denen!“

Die Klasse 6b ist die schlimmste der ganzen Schule. Nun hat sie wieder einmal was ausgeheckt: Ein triefend nasser Schwamm liegt auf dem Lehrerstuhl. Gleich kommt der gefürchtete Physiklehrer.
Atemloses Schweigen. Der Lehrer kommt. Er setzt sich hin. Irritiert blickt er sich um. Dann fragt er: „Welchen Lehrer habt ihr denn in der vorigen Stunde gehabt?“

In der Physikstunde. „Ein Telegraph funktioniert im Grunde ganz einfach“, erklärt der Lehrer. „Stellt euch einen Dackel vor. Wenn man den hinten auf den Schwanz tritt, dann jault er vorne! Alles klar?“
Alles klar. Nur Peter hat noch eine Frage. „Und wie geht das bei der drahtlosen Telegraphie?“
„Genauso“, sagt der Lehrer, „nur ohne Dackel.“

Elternsprechtag. „Liebe Frau Obermüller“, sagt der Lehrer, „Ihr Bodo wird heuer das Klassenziel nicht erreichen. Mit anderen Worten: Er wird leider wiederholen müssen!“
„Nicht möglich“, sagt die Mutter verzweifelt, „so schlecht kann der Junge doch nicht sein.“
„Doch, doch“, fügt der Lehrer hinzu, „mit dem, was Ihr Sohn alles nicht weiß, könnten noch fünf weitere Schüler sitzenbleiben!“

Der Ethiklehrer schreibt das Wort ‚Magie' an die Tafel.
„Susi, kannst du mir sagen, was das bedeutet?"
„Was es bedeutet, weiß ich auch nicht", antwortet Susi, „aber zu Hause geben wir es immer in die Suppe!"

In der Deutschstunde erklärt der Lehrer den Unterschied zwischen Unglück und Unfall. „Und kann mir jetzt jemand ein Beispiel nennen?"
Meldet sich Rolfi: „Also, wenn mein Zeugnis auf dem Heimweg in den See fällt, dann ist das ein Unfall. Wenn es später wieder jemand herausfischt, dann ist es ein Unglück!"

In der Religionsstunde. Der Pfarrer fragt den kleinen Martin, ob er weiß, was das Wort ‚gratulieren' bedeutet. Martin nickt. „Und weißt du auch, was ‚kondolieren' heißt?"
„Klar doch", antwortet Martin, „kondolieren tut man, wenn man jemandem gratuliert, weil wer gestorben ist!"

Lehrer: „Wer kann mir erklären, was man unter ‚Abenddämmerung' versteht?"
Anton: „Also, Abenddämmerung, das ist, wenn dem Schüler am Abend dämmert, daß er seine Aufgaben noch nicht gemacht hat!"

„Bernhard, warum hast du deine Aufgaben schon wieder nicht gemacht?“ schimpft der Lehrer.
„Da kann ich diesmal nichts dafür“, entschuldigt sich Bernhard, „mein Vater wollte mir nämlich dabei helfen.“
„Also, das mußt du mir schon näher erklären“, meint der Lehrer.
„Na ja“, setzt Bernhard an, „es ging doch um die Frage, wie lange ein Mann für 900 Kilometer braucht, wenn er für 15 Kilometer ...“
„Ja, ja“, unterbricht der Lehrer, „ich weiß!“
„Na ja“, sagt Bernhard, „mein Vater wollte ganz sichergehen. Er ist bis heute nicht zurückgekehrt.“

„Wie buchstabierst du ‚Rhythmus‘?“ fragt der Lehrer.
„R...ü...d...m...u...s“, buchstabiert Bernd.
„Der Duden sagt aber ‚R...h...y...t...h...m...u...s‘!“ sagt der Lehrer ärgerlich.
„Ja, der Duden“, antwortet Bernd. „Aber Sie haben ja gefragt, wie ich es buchstabiere!“

Der Lehrer ist wütend: „Susi, das ist jetzt das sechste Mal in dieser Woche, daß du zu spät kommst! Hast du dazu etwas zu sagen?“
„Es wird in dieser Woche nicht mehr vorkommen!“

In der Geographiestunde. „Martin, wie heißen die Einwohner von Rom?“ will der Lehrer wissen.
„Woher soll ich all die Leute kennen, das sind doch Millionen!“ entrüstet sich Martin.

Der Schulrat besucht die Klasse. Diesmal ist er ganz besonders lästig. Stundenlang stellt er eine Frage nach der anderen. Endlich sagt er zu den Schülern: „Sind jetzt noch Fragen offen?“
Meldet sich Max: „Wann geht Ihr Bus?“

Gustav kommt wieder einmal zu spät zur Schule.
„Ich hoffe, du hast eine Erklärung“, sagt der Lehrer. „Und komme mir ja nicht wieder mit einer deiner lahmen Ausreden!“
„Heute kann ich wirklich nichts dafür“, jammert Gustav kleinlaut, „ich bin in der Nacht aus dem Bett gefallen, habe mir den Fuß verstaucht und konnte am Morgen kaum mehr gehen.“
„Schon wieder so eine lahme Ausrede!“

Andere Klasse, anderer Lehrer. Robert kommt eine Viertelstunde zu spät.
„Entschuldigung“, sagt er, „ich bin zu Hause die Treppe runtergefallen.“
„Dann müßtest du eigentlich zu früh gekommen sein!“

Elternsprechtag in der Schule. Frau Knall fragt einen Lehrer: „Ich habe gehört, daß mein Gustav bei den Lehrern als Wunderkind bekannt ist. Stimmt das wirklich?"
„Ja, das stimmt", sagt der Lehrer, „alle Lehrer wundern sich, wie ein einziges Kind so blöd sein kann!"

Lehrer: „Wie konntest du nur ‚Besen' mit zwei ‚s' schreiben?"
Schüler: „Mit meinem neuen Füller – überhaupt kein Problem!"

Im Biologieunterricht. Der Lehrer erklärt, wie die Vögel Brutpflege betreiben.
„Die Adlereltern zum Beispiel sind den ganzen Tag unterwegs, um ihren Jungen genügend Futter zu bringen."
„Typisch", ruft Susi, „und die Mädchen verhungern!"

Im Geographieunterricht. „Kai, was kannst du uns übers Tote Meer erzählen?" fragt der Lehrer.
„Eigentlich gar nichts", sagt Kai, „ich wußte ja nicht einmal, daß es krank war!"

Lehrer: „Was haben Pferde und Zebras gemeinsam?"
Heidi: „Beide können nicht Auto fahren!"

Großes Hallo in der Klasse. Der kleine Helmut hat seinen Hasen mitgebracht. Der Lehrer hat was dagegen.
„Aber das geht doch nun wirklich nicht, Helmut“, sagt er. „Hasen kann man nicht einfach in die Schule mitnehmen. Denk an den Geruch!“
„Ach“, meint Helmut, „der hält das schon aus!“

Jan kommt von der Schule nach Hause.
„Die Lehrerin hat gesagt, daß ich riesige Fortschritte mache“, berichtet er stolz.
„Toll, Jan“, ruft die Mutter, „was hast du denn gemacht?“
„Ich hab’ zum ersten Mal meinen Namen ohne Fehler geschrieben!“

Der Lehrer hat einen schlimmen Verdacht: „Sag mal, Elke, hat dir bei dieser Hausaufgabe dein Vater geholfen?“
„Nein“, sagt Elke, „er hat sie alleine gemacht!“

„Im Biologieunterricht war ich heute der beste!“ erzählt Bernhard voller Freude. „Der Lehrer hat uns gefragt, wie viele Beine Nashörner haben. Und ich habe gesagt, drei.“
„Aber Nashörner haben doch vier Beine!“ meint die Mutter.
„Stimmt“, sagt Bernhard, „aber meine Antwort war am nächsten dran!“

„Heute habe ich mich in der Deutschstunde als einziger gemeldet!“ berichtet Anita stolz.
„Das ist ja toll!“ freut sich der Vater. „Und was hat der Lehrer gefragt?“
„Wer hat keine Aufgabe gemacht?“

Im Biologieunterricht. In der letzten Stunde wurde der Tiger durchgenommen. Heute will die Lehrerin prüfen, was sich die Kinder noch gemerkt haben. „Norbert, kannst du mir sagen, was du über den Tiger noch weißt?“ fragt die Lehrerin.
„Also“, überlegt Norbert einen Moment, „der Tiger ist groß, stark, mutig, sehr gefährlich, und er hat eine schlechte Handschrift.“
„Wieso schlechte Handschrift?“
„Aber das haben Sie doch in der letzten Stunde selber gesagt: ‚Der Tiger hat eine furchtbare Klaue!‘“

Im Biologieunterricht wird die Giraffe durchgenommen. „Warum haben die Giraffen eigentlich so lange Hälse?“ will Helmut wissen.
„Na, damit sie sich das Futter von den hohen Bäumen holen können“, erklärt der Lehrer.
„Und wieso holen sie sich das Futter nicht von den niedrigeren Bäumen?“
„Damit sie sich nicht bücken müssen!“

In der Physikstunde. Der Lehrer will heute den Schülern erklären, was ein Magnet ist. Zuvor will er herausfinden, ob die Kinder darüber schon irgend etwas wissen. „Wer kennt das“, fragt der Lehrer. „Es fängt mit ‚M‘ an und hebt Gegenstände auf, die herumliegen?“
Anton weiß es. „Mutter!“ ruft er.

Erster Schultag. Die Lehrerin fragt die Kinder nach ihrer Familie. „Mein Vater ist Fabrikant“, sagt Anton.
„Und, Geschwister?“
„Nein, Nägel!“

Der Lehrer fragt die Schüler: „Wie, glaubt ihr, kommt man am besten durch den Urwald?“
„Als Löwe!“ ruft Oliver.

In der Biologiestunde. Der Lehrer ist gut aufgelegt und sagt: „Wer die erste Frage beantworten kann, braucht auf die zweite Frage keine Antwort mehr zu geben. Also: Wie viele Haare, glaubt ihr, hat ein Schäferhund?“
„345 876 Haare!“ ruft Bill.
„Wie willst du denn das wissen?“ fragt der Lehrer erstaunt.
„Das gilt nicht“, beschwert sich Bill. „Das ist jetzt schon die zweite Frage!“

Die Lehrerin erklärt den Kindern die verschiedenen Jahreszeiten und die zwölf Monate des Jahres: „Wir sagen zum Beispiel ‚der launenhafte April‘ oder ‚der kalte Januar‘. Kann mir jemand noch einen Monat mit einem passenden Eigenschaftswort nennen?“
„Ja!“ ruft Dennis. „Der dumme August!“

Lehrer: „David, wenn du in der linken Hosentasche acht Mark hast und in der rechten Hosentasche zwölf Mark, was hast du dann?“
David: „Die falschen Hosen an!“

Lehrerin: „Kannst du einen Satz mit dem Wort ‚immerhin‘ bilden, Katrin?“
Katrin: „Wenn unser Doktor einen Kranken behandelt, dann ist er immer hin.“

Oliver hat in der Matheprüfung wieder ein Ungenügend bekommen. Die Mutter ist außer sich. „Wie ist denn so was möglich!“ ruft sie.
Meint Oliver: „Dieselbe Klasse, derselbe Lehrer, dieselben Fragen – das mußte doch schon wieder schiefgehen!“

Andreas: „Ich kann übermorgen nicht in die Schule kommen. Mein Opa ist nämlich gestorben.“
Lehrerin: „Meine Güte, Andreas, du hast doch

schon mindestens viermal gefehlt, weil dein Opa beerdigt wurde!“
Andreas: „Ja, was kann denn ich dafür, wenn meine Oma immer wieder heiratet?“

Im Biologieunterricht erklärt die Lehrerin, wie die Natur überall für Ausgleich sorgt. „Tiere, die schlecht sehen, hören dafür besonders gut“, erzählt sie. „Kann mir jemand ein anderes Beispiel nennen?“
Meldet sich Boris: „Ich weiß etwas. Meine Oma hat ein kürzeres Bein, dafür ist das andere länger!“

In der Schule wurde eingebrochen. Jetzt läßt der Direktor die Einrichtungsgegenstände gegen Diebstahl versichern.
„Die Uhren in den Klassenzimmern haben wir noch nicht auf unserer Liste!“ sagt der Versicherungsmann.
„Ach“, antwortet der Direktor, „die Uhren kommen sicher nicht weg. Die Schüler lassen sie keine Sekunde aus den Augen!“

Lehrer: „Bobby, was weißt du über die alten Griechen?“
Bobby: „Alle tot!“

Lehrerin: „Dennis, wenn deine Mutter bei deinem Vater 384 Mark Schulden hat, und sie die Hälfte zurückzahlt – was ist sie ihm noch schuldig?“
Dennis: „Die andere Hälfte!“

Der Ethiklehrer fragt: „Kann mir jemand sagen, was man unter der ‚inneren Stimme‘ versteht?“
Niemand meldet sich.
„Oder ein Beispiel geben? Oliver! Hast du schon mal deine innere Stimme gehört?“
„Klar“, sagt Oliver. „Sie hat geknurrt.“
„Geknurrt? Und was hat sie geknurrt?“
„Zeit, endlich was in den Magen zu kriegen!“ sagt Oliver.

Lehrer: „Wer kann mir sagen, in welcher Schlacht Gustav Adolf gefallen ist?“
Monika: „In seiner letzten!“

„Wer kann mir sagen, was das nützlichste aller Tiere ist?“ fragt der Lehrer.
„Ein Rennpferd, das dauernd gewinnt!“ ruft Kevin.

Lehrerin: „Morgen kommt der Schularzt. Alle kommen mit gewaschenem Arm in die Schule!“
Emil: „Den linken oder den rechten?“

Kinder, Kinder

Es ist Nachmittag und kurz vor Weihnachten. Bernd macht gerade seine Hausaufgaben. Plötzlich klingelt es. Die Mutter öffnet die Tür. Draußen steht ein Mann mit einer dicken Papierrolle. „Das ist ein Irrtum“, sagt die Mutter. „Wir haben keine fünfzig Meter Papier bestellt!“
„Doch, haben wir“, ruft Bernd, „ich brauch’ sie für meinen Weihnachts-Wunschzettel!“

Der kleine Florian spielt im Garten und ist ganz still. Sehr verdächtig! Die Mutter wirft einen Blick aus dem Fenster und sieht, wie der Junge schaufelweise Sand ißt. Sie zerrt den Kleinen von der Sandkiste weg und ruft den Arzt an.
Der Doktor hört sich die Geschichte an und sagt: „Wissen Sie, das ist nicht weiter schlimm. Sie sollten aber aufpassen, daß der Kleine jetzt keinen Zement schluckt!“

Bernhard hat hundert Mark gefunden. Als er zu Hause davon erzählt, fragt ihn die Mutter: „Hast du das Geld auch beim Fundamt abgegeben?“
„Nein“, erklärt Bernhard, „ich finde es nicht gut, wenn man mit seiner Ehrlichkeit so angibt!“

Die Mutter blättert im Familienalbum. Kommt Jürgen und wirft auch einen Blick auf die alten Bilder: „Wer ist denn dieser schlanke junge Mann mit dem Wuschelkopf?“

„Aber Jürgen!“ lacht die Mutter. „Erkennst du ihn denn nicht? Das ist doch dein Vater!“
„So was“, sagt Jürgen. „Und wer ist dann der Fette mit der Glatze, der bei uns wohnt?“

Der Arzt will zu Hause ein Bild aufhängen. Dabei stellt er sich ganz fürchterlich ungeschickt an. Zuerst haut er sich mit dem Hammer auf den Daumen, und dann fällt ihm das ganze Bild samt Rahmen auf den Boden. Beim Einsammeln der Scherben schneidet er sich schließlich noch in den Finger.
Seine kleine Tochter hat bisher schweigend zugesehen. Jetzt fragt sie: „Vati, warum steht auf deiner Tür eigentlich ‚Praktischer Arzt‘?“

Tante Elly hat ihre Liebe zum Malen entdeckt. Neulich war sie im Zoo und hat einen Elefanten gezeichnet. Stolz zeigt sie das Kunstwerk ihrem Neffen Georg und fragt: „Na, meinst du, ich soll das Bild mal dem Elefanten zeigen?“
„Besser nicht“, sagt Georg, „Elefanten sind verdammt nachtragend!“

Freddy feiert seinen sechzehnten Geburtstag. Alle Freunde und Verwandten gratulieren. Zur Feier des Tages darf Freddy ein Gläschen Schnaps trinken. „Komisch“, meint er, „das Zeug schmeckt genau wie Papis Medizin!“

Richard kommt vom Sonntagsgottesdienst nach Hause. Fragt ihn die Mutter: „Erzähl, was hat der Pfarrer in seiner Predigt heute gesagt?"
„Ach", berichtet Richard, „er hat halt gesagt, daß die reichen Leute den armen Leuten helfen sollen, und so."
„Und", fragt die Mutter, „hat er die Leute in der Kirche überzeugen können?"
„Ja, doch, ungefähr ein Drittel", antwortet Richard.
„Wieso ein Drittel?"
„Na, die armen Leute eben!"

Mark kommt von der Schule nach Hause. Aufgeregt erzählt er: „Stell dir vor, in der Schule hat mich heute ein Floh gebissen!"
„Das gibt's doch gar nicht", meint die Mutter, „das war ein Irrtum!"
Dann kommt Vater nach Hause. Aufgeregt erzählt Mark: „Stell dir vor, in der Schule hat mich heute ein Irrtum gebissen!"

Mike ist bestens gelaunt. Beim Mittagessen erzählt er: „Heute hat mich die Lehrerin vor der ganzen Klasse gelobt!"
„Das ist ja toll!" meint die Mutter. „Was hat sie gesagt?"
„Sie sagte: ‚Ihr seid alle Versager, aber Mike ist einfach der größte!'"

Kevins Mutter hat Zwillinge bekommen. „Erzähl es doch dem Lehrer", sagt der Vater, „der gibt dir sicher einen Tag schulfrei!"
Am nächsten Tag fragt der Vater: „Und, hat es geklappt?"
„Ja", ruft Kevin vergnügt, „morgen darf ich zu Hause bleiben!"
„Und was hat der Lehrer zu den Zwillingen gesagt?" fragt der Vater weiter.
„Ach", sagt Kevin, „ich hab' ihm nur von einem Baby erzählt. Das zweite hebe ich mir für die nächste Woche auf!"

Der kleine Udo hat ein Schwesterchen bekommen. Er guckt sich das Baby näher an und sagt zur Mutter: „Die hat doch überhaupt keine Zähne und Haare!"
„Das kommt noch!" erklärt die Mutter.
„Verstehe", sagt Udo, „die werden nachgeliefert."

„Warum heißen meine Zähne eigentlich Milchzähne?" erkundigt sich der kleine Manuel interessiert.
„Weil du so viel Milch trinkst!" sagt die Mutter.
„Ah", meint Manuel, „dann hat also der Papa Bierzähne!"

Udo läuft aufgeregt zu seiner Mutter. „Stell dir vor, was ich gerade gesehen habe!“ ruft er. „Ich habe gesehen, wie der Egon die Marie geküßt hat, und zwar ganz lang und fest!“
„Aber das ist doch klar“, erklärt die Mutter, „die beiden heiraten ja bald.“
„Ach so“, sagt Udo, „und wann heiratet Papi seine Sekretärin?“

Oma ist im Wohnzimmer auf der Couch eingeschlafen und schnarcht fürchterlich. Der kleine Markus dreht an einem der riesigen Knöpfe an ihrem Kleid.
„Laß doch Oma in Ruhe!“ schimpft die Mutter.
„Ich lass’ sie doch in Ruhe“, sagt Markus, „ich suche nur einen anderen Sender.“

Rolf: „Opa, schau, was ich für dich habe!“
Opa: „Aber das ist ja Gras! Was soll ich denn damit?“
Rolf: „Mama hat gesagt: ‚Wenn der Opa ins Gras beißt, dann kriegen wir eine Menge Geld!‘“

Beim Mittagessen. Der kleine Franzi schneidet fein säuberlich die Rinde vom Brot herunter und ißt nur das Weiche. „Schau, Franzi“, sagt Opa, „wie ich die Rinde esse! Mmmh, das schmeckt!“
„Prima“, meint Franzi, „meine kannst du auch haben!“

„Meine Mami sagt, daß Sie gar nicht verheiratet sind“, fragt die kleine Anita den Nachbarn.
„Nein, mein Schatz“, antwortet der Nachbar, „ich habe keine Frau.“
Anita denkt nach. „Komisch“, sagt sie, „und woher wissen Sie dann, was sie tun müssen?“

Oskar und seine Freunde spielen friedlich in der Sandkiste. Plötzlich fangen sie zu streiten an. Oskars Mutter trennt die Kampfhähne.
„Was fällt dir denn ein“, ruft sie, „warum wirfst du gleich fünf Steine auf deinen Freund?“
„Weil ich mit den ersten vier nicht getroffen habe!“

Fridolin kommt von einer Geburtstagsfeier nach Hause. „Warst du auch artig?“ fragt die Mutter.
„Klar!“ sagt Fridolin.
„Und hast du dir auch nicht dauernd Kuchen nachgeholt?“
„Aber nein“, erklärt Fridolin, „ich hab’ mir gleich am Anfang fünf Stück geholt!“

Der kleine Bernhard hat zum Geburtstag einen jungen Schäferhund bekommen. „Und wollt ihr ihn auch großziehen?“ fragt ihn der Nachbar.
„Nein“, antwortet Bernhard, „wir lassen ihn einfach wachsen!“

Der Lehrer ist ein begeisterter Freizeitgärtner. Heute ist er wütend.
„Gestern in der Nacht haben mir gewisse Lausejungen wieder die besten Äpfel vom Baum gestohlen!“ schimpft er. „Helmut, du warst wohl auch dabei!“
„Ich nicht“, sagt Helmut, „dafür war ich noch zu klein. Ich darf erst nächstes Jahr mitmachen!“

„Papa, schau, was ich da gefunden habe“, ruft Paul und stürzt freudestrahlend ins Wohnzimmer, „einen Fünfzigmarkschein!“
„Und bist du auch ganz sicher, daß das Geld jemand verloren hat?“ forscht der Vater nach.
„Aber natürlich“, antwortet Paul. „Ich hab' doch genau gesehen, wie es der Mann gesucht hat!“

Mutter hat Geburtstag. Diesmal weiß Anton schon ganz genau, was er ihr schenken wird: eine hübsche Dose für Pralinen. Er betritt einen Laden und bittet die Verkäuferin, ihm einige Dosen zu zeigen. „Und“, will diese wissen, „wie soll sie aussehen? Wie groß? Welche Farbe? Welches Muster?“
„Ist mir egal“, meint Anton. „Wichtig ist nur, daß der Deckel ganz leise auf- und zugeht!“

Otto spielt mit seinem kleinen Brüderchen Paulchen. Da hat Otto plötzlich eine Idee: Paulchen

auf dem Dackel – das wäre doch eine tolle Sache. Gedacht, getan: Otto hievt Paulchen auf den Dakkel, und der bellt und heult und bellt. Die Mutter stürzt ins Zimmer.
„Was hast du bloß mit dem armen Hundchen gemacht!" ruft sie entsetzt.
„Ist doch gar nichts passiert!" sagt Hansi. „Die krummen Beine hat er schon vorher gehabt!"

Die kleine Astrid fährt ihr noch kleineres Brüderchen im Kinderwagen spazieren. Fragt eine Frau zum Spaß: „Na, würdest du deinen Bruder verkaufen?"
„Vor einem Monat", meint Astrid nachdenklich, „hätten wir noch darüber reden können, aber jetzt nicht mehr. Wir haben einfach schon zuviel investiert!"

Die Mutter kommt nach Hause. Der kleine Martin begrüßt die Mutter herzlich. Seine Schwester Anna dagegen kümmert sich nicht sonderlich.
„Anna, du solltest dir ein Beispiel an Martin nehmen", meint die Mutter vorwurfsvoll. „Schau doch, wie nett er zu Mami ist. Und du sagst nicht mal ordentlich ‚hallo'."
„Kein Wunder", sagt Anna, „ich hab' ja auch keine Vase runtergeworfen!"

Klein Manfred kommt in die Küche gerannt. „Ich habe den lieben Gott gezeichnet“, berichtet er stolz.
„Aber mein Dummerchen“, sagt die Mutter, „wie der liebe Gott aussieht, das weiß doch niemand.“
„Vorher nicht“, antwortet Manfred. „Aber jetzt weiß man es!“

Christoph geht das erste Mal alleine in die Kirche. Die Mutter gibt ihm zwei Geldmünzen mit: „Die eine ist für den Klingelbeutel, mit der anderen kannst du dir nach dem Gottesdienst ein Eis kaufen!“
Ungeschickt, wie Christoph nun mal ist, fällt er auf dem Weg zur Kirche hin. Dabei verliert er eine Münze. Sie rollt dahin und verschwindet auf Nimmerwiedersehen.
„Tut mir schrecklich leid, Jesus“, sagt Christoph und wendet den Blick zum Himmel, „aber das war deine Münze!“

Die Mutter schickt Maike in den Laden, um Vollkornbrot zu besorgen. Maike saust los und kommt mit einer Packung Eis nach Hause.
„Ja, was soll denn das?“ fragt die Mutter entsetzt.
„Tut mir leid“, meint Maike, „Vollkornbrot war alle. Und von irgend etwas müssen wir doch schließlich leben!“

Heute war Klein Kevin beim Besuch bei Onkel Lutz wirklich brav.
„Weil du dich so ordentlich benommen hast", sagt der Onkel beim Abschied, „darfst du in die Süßigkeitendose greifen und dir so viele Pralinen herausnehmen, wie du mit einer Hand fassen kannst."
„Mach das doch du", wendet sich da Klein Kevin an seine Mutter.
„Aber warum denn", will Onkel Lutz wissen, „bist du so schüchtern?"
„Nein", meint Klein Kevin arglos, „aber Mami hat größere Hände!"

„Geh dir doch endlich einmal die Hände waschen, die sind ja ganz furchtbar schmutzig!" schimpft die Mutter.
Hansi wäscht sich die Hände, wie ihm befohlen wurde. „Aber die sind ja noch immer ganz schwarz!" ärgert sich die Mutter.
„Moment, Moment", beruhigt sie der Herr Sohn, „warte doch mal, bis ich sie abgetrocknet habe!"

„Hast du dich verschluckt?" fragt der Vater den kleinen Rolf beim Abendessen.
Rolf faßt sich an die Nase. „Nein", sagt er, „ich bin noch da!"

Die Kinder spielen Karten. Die Mutter sieht das überhaupt nicht gerne. Ihr wäre es viel lieber, wenn die Kinder einmal ein gutes Buch in die Hand nehmen würden. Schimpft sie: „Wieviel Zeit doch beim Kartenspielen draufgeht!"
Bemerkt Anton zustimmend: „Ja, vor allem beim Mischen!"

Gestern abend hat sich Heinz im Kino einen Film angesehen. Heute, beim Frühstück, ärgert er sich furchtbar. „Ich habe vom Film geträumt", sagt er. „So was Blödes!"
„Aber warum ärgert dich das?" fragt die Mutter.
„Ja, begreifst du das denn nicht", sagt Heinz.
„Wenn ich das vorher gewußt hätte, hätte ich mir das Kinogeld sparen können!"

Fritz kommt nach Hause, schmutzig von unten bis oben.
„Immer dasselbe!" schimpft die Mutter. „Wie konntest du deine schönste Hose nur so dreckig machen!"
„Entschuldige, Mama", sagt Fritz, „leider bin ich so plötzlich hingefallen, daß ich mich vorher nicht mehr umziehen konnte!"

Frau Brösel will ein Stück Stoff zuschneiden.
„Jetzt ist die Schere ganz stumpf!" schimpft sie.
„Das verstehe ich einfach nicht!"

„Verstehe ich auch nicht“, meldet sich der kleine Daniel. „Ich habe gerade das Blech geschnitten, und da war sie noch ganz in Ordnung!“

Der kleine David ist mit Omi unterwegs. Sie fahren gerade mit der Straßenbahn. Da ruft David ganz laut, so daß es alle hören können: „Omi, ich muß pinkeln!“
„Psst!“ sagt Oma. Ihr ist die Sache furchtbar peinlich. Bei der nächsten Station steigen sie aus und gehen im nächsten Kaufhaus aufs Klo. „Und wenn du das nächste Mal mußt“, sagt Oma, „dann sag einfach: ‚Ich muß singen!‘, dann weiß ich, was du meinst!“ David ist einverstanden und nickt.
Am Abend im Bett muß David wieder mal aufs Klo. „Mami“, ruft er, „ich muß singen!“
„Aber doch nicht jetzt in der Nacht“, sagt die Mutter.
„Doch, doch, ich muß singen!“
„Also gut“, meint die Mutter nach einer Weile, „wenn es unbedingt sein muß, dann sing mir halt was ins Ohr!“

Die Mutter kommt nach Hause und sieht, daß die kleine Sophie wieder einmal kräftig zugelangt hat.
„Als ich wegging, waren noch fünf Tortenstücke in der Speisekammer“, schimpft sie. „Und jetzt

ist nur mehr eines da. Hast du dafür vielleicht eine Erklärung?"
Sophie denkt scharf nach. „Doch, doch", antwortet sie nach einer Weile. „Wahrscheinlich war es so dunkel, daß ich das letzte Stück übersehen habe!"

Die Mutter ist sehr aufgebracht: „Martin, stimmt es, daß du Tante Olga eine Schlange ins Bett gelegt hast?"
„Ja, schon ...", gibt Martin zu.
„Und wie kommst du dazu, deine Tante ausgerechnet mit einer Schlange zu erschrecken?"
„Ich mußte die Schlange nehmen", sagt Martin. „Die Maus ist mir nämlich davongerannt!"

Eva war sehr frech und hat dafür von der Mutter einen kräftigen Klaps kassiert. Heulend läuft sie davon. Im Treppenhaus trifft sie ihren Vater. „Ja, was ist denn passiert?" will Vater wissen.
„Ach, nichts Besonderes", erklärt Eva, „ich hatte nur eben Krach mit deiner Frau."

Paulchen weint bitterlich.
„Was ist denn mit dir los?" will Onkel Martin wissen.
„Ich habe fünf Mark verloren", schluchzt Paulchen.
Da zückt Onkel Martin seine Geldbörse und sagt:

„Da, Paulchen, hier hast du fünf Mark, und alles ist wieder gut, ja?"
Paulchen strahlt. Er steckt das Geld in seine Hosentasche. Dann, nach einer Weile, fängt er wieder zu heulen an.
„Was ist denn jetzt los?" fragt Onkel Martin besorgt. „Warum weinst du schon wieder?"
„Weil ich nicht ‚zehn Mark' gesagt habe!"

Der kleine Holger erzählt ihm, daß er sein Sparschwein geschlachtet hat.
„Ja, wozu brauchst du denn auf einmal so viel Geld?" erkundigt sich Onkel Leo.
„Ich möchte einen Töpferkurs besuchen", erklärt Holger.
„Und was möchtest du dort töpfern?" will der Onkel wissen.
„Ein Sparschwein!"

Es ist Schlafenszeit und nur noch drei Tage bis Weihnachten. Alles ist ganz still und friedlich. Die Mutter bringt den kleinen Hajo zu Bett und wartet noch, bis er sein Nachtgebet gesprochen hat.
Da brüllt Hajo plötzlich los: „Und, liebes Christkind", schreit er, daß die Wände wackeln, „liebes Christkind, bring mir zu Weihnachten bitte eine Eisenbahn!"
„Psst!" zischt die Mutter. „Sei doch still. Es gibt

keinen Grund, so zu schreien. Das Christkind ist doch nicht schwerhörig."
„Aber der Opa drüben im Wohnzimmer!" erklärt Hansi.

„Vati ist stinksauer", berichtet Paul.
„Ja, aber warum denn?" will Mami wissen.
„Na ja", gibt Paul zu, „ich habe ihn gestört und dazwischengeredet, als er gerade einen seiner Witze erzählt hat."
„Ach, wann wirst du das endlich kapieren", sagt Mami seufzend. „Beim Witzeerzählen versteht Vati eben keinen Spaß!"

„Ich war einmal ein Zwilling", berichtet die kleine Anita ihrer Freundin.
„So ein Unsinn, wie kommst du denn darauf?" will die Freundin wissen.
„Meine Mutter hat gesagt: ‚Ich hab' noch Fotos von dir, als du noch zwei warst!'"

„Wie alt warst du an deinem letzten Geburtstag?" will Tante Luise wissen.
„Fünf", erklärt Astrid.
„Und wie alt wirst du dann bei deinem nächsten Geburtstag sein?" fragt Tante Luise weiter.
„Sieben!"
„So ein Unsinn, das gibt's doch nicht!" sagt Tante Luise.

„Doch“, erklärt Astrid. „Heute ist mein sechster Geburtstag!

Tina sitzt im Wohnzimmer und übt auf ihrer Blockflöte.
„Geh bitte in dein Zimmer“, sagt die Mutter, „Vater kann nicht Zeitung lesen.“
„So was“, sagt Tina, „und ich bin erst neun und kann schon.“

Mariechen: „Mami, geht der liebe Gott eigentlich aufs Klo?“
Mutter: „Natürlich nicht. Warum fragst du?“
Mariechen: „Weil ich dich heute morgen gehört habe, wie du an die Klotür geklopft und gesagt hast: ‚Du lieber Gott, wann bist du denn endlich fertig?‘ “

„Ach Fritzchen, warum weinst du denn so?“ fragt die Nachbarin mitfühlend.
„Mein Bruder hat seine Baseballmütze verloren“, schluchzt Fritzchen.
„Und da mußt du so weinen?“
„Ja“, sagt Fritzchen. „Als er sie verloren hat, habe ich sie aufgehabt.“

Der kleine Seppl hat bisher immer nur im Dorfteich gebadet. Heute darf er mit Onkel Egon zum erstenmal ins Hallenbad in der Stadt. Er ist ganz

eingeschüchtert. So groß und so schön ist alles hier! Vorsichtig steigt er ins Wasser. Das ist ja ganz warm! Seppl nimmt sich ein Herz und paddelt ein wenig herum, und dann saust er wieder aus dem Wasser.
„Onkel Egon", flüstert er, „ich kann auch nichts dafür!"
„Was ist denn passiert, Seppl?"
„Ich habe Wasser geschluckt. Glaubst du, daß sie draufkommen?"

Die Treppe ist steil, und der Keller ist tief und finster. Doch unten locken duftende Äpfel.
„Du traust dich sicher nicht alleine runter", meint Veronika.
„Doch trau' ich mich!" sagt Heinz.
„Du traust dich doch nicht alleine!"
„Doch trau' ich mich alleine!"
„Feigling, Feigling!"
„Komm doch mit", sagt Heinz, „dann beweise ich dir, daß ich mich alleine runtertraue!"

Peter und Paul haben furchtbar gestritten, und dann mußten sie ohne Abendessen ins Bett. Da liegen sie nun, beleidigt und stumm wie die Fische. Endlich will Paul wieder gut sein.
„Peter", flüstert er, „bist du noch wach?"
„Sag' ich dir nicht!" flüstert Peter zurück.

Der reiche Onkel Gustav ist zu Besuch bei Bolles. Frau Bolle reicht selbstgebackene Plätzchen, Herr Bolle holt den besten Cognac aus dem Schrank, und alle sind sie bester Dinge und unterhalten sich blendend.
Nur die kleine Lisa steht stumm herum.
„Na, Lisa", sagt Onkel Gustav, „das bin ich gar nicht gewohnt von dir, daß du so ruhig bist. Was ist denn los?"
„Vati hat mir zwei Mark versprochen, wenn ich nicht sage, daß du so eine rote Nase hast."

„Mama, darf ich zwei Stück Kuchen haben?"
„Natürlich, Kind. Warte, ich schneide dein Stück auseinander."

Die Taufpatin kommt zu Besuch und steckt dem Patenkind ein Fünfmarkstück zu. Der kleine Udo bedankt sich artig und gibt ihr eine kleine Papiertüte.
„Das sind ja Erbsen!" ruft sie. „Was soll ich denn damit?
„Zählen natürlich", sagt Udo. „Vati sagt immer, du bist so eine Erbsenzählerin."

Der kleine Stefan steht vor dem Spiegel und kneift die Augen zu.
„Was machst du denn da?" ruft die Mutter.
„Ich möchte wissen, wie ich im Schlaf aussehe!"

Familie Meier ist zu Besuch bei Tante Hilde.
„Katrin“, sagt Tante Hilde, „das freut mich aber, daß dir die Kekse so gut schmecken. Du mußt sie aber trotzdem nicht so verschlingen!“
„Schmecken mir ja gar nicht so gut“, antwortet Katrin. „Und deshalb muß ich sie wegkriegen, bevor mir der Appetit vergeht.“

Peter und Paul waren im Zirkus.
„Der Messerwerfer war einfach toll“, sagt Peter. „Immer gerade so knapp an der Frau vorbei!“
„Finde ich nicht“, meint Paul. „Knapp daneben ist auch daneben!“

„Sag mal, Gustav“, fragt die Mutter, „warum brauchst du denn so endlos lang für deinen Brief an Oma?“
„Aber du weißt doch“, sagt Gustav, „wie schlecht ihre Augen schon sind. Da muß ich ganz langsam schreiben.“

„Fritzchen, hast du deine Schuhe schon an?“
„Ja, alle bis auf einen!“

„Hallo Blondine!“ ruft der schlimme kleine Bruder.
„Blöder Kerl“, schimpft die große Schwester. „Mein Haar ist nicht blond. Es ist kupferfarben!“
„Hallo Möhre!“

Markus geht in die Küche und fragt: „Mami, diese Vase im Salon, die wurde von einer Generation zur nächsten Generation weitergegeben, nicht wahr?“
„Ja“, antwortet die Mutter. „Warum fragst du?“
„Die letzte Generation hat sie fallen gelassen.“

Draußen stürmt es. Blitze zucken durch den nächtlichen Himmel, Donner krachen, der Wind heult. Die Mutter läuft die Treppe hoch zum Kinderzimmer, öffnet es einen Spalt, steckt den Kopf hinein und flüstert:
„Schläfst du schon, mein kleiner Schatz?“
„Ach nein“, sagt Fritzchen, „soll ich runterkommen? Kann Vati wieder mal den Video nicht programmieren?“

Udo quält sich mit seinen Rechenaufgaben. „Ich krieg’s einfach nicht hin“, seufzt er, „ich komm’ einfach nicht auf die Lösung. Anja, kannst du mir helfen?“
„Nein“, sagt die große Schwester streng, „das wäre nicht in Ordnung.“
„Komm schon“, ruft Udo, „versuchen könntest du’s doch wenigstens!“

Verena kommt von der Schule nach Hause. „Meine Güte“, klagt sie, „was habe ich für Magenschmerzen.“

„Das ist nichts Ernstes“, tröstet die Mutter. „Das kommt, weil du nichts im Magen hast.“
Da kommt Vater vom Büro nach Hause. „Meine Güte“, jammert er, „was habe ich für Kopfschmerzen!“

Rolf: „Mein Papi ist ein Zauberer.“
Heidi: „Wirklich?“
Rolf: „Wirklich! Ein Wink mit seinem Zauberpantoffel, und ich bin verschwunden.“

„Wie ist es dir heute beim Mathematiktest ergangen“, will der Vater wissen.
„Soso, lala“, sagt Heidi. „Eine Lösung war falsch.“
„Aha, und wie viele Aufgaben gab es insgesamt?“
„Fünf.“
„Das ist ja prima“, ruft der Vater, „und die anderen hattest du richtig?“
„Nein“, antwortet Heidi, „zu denen bin ich erst gar nicht gekommen.“

Erwin trampelt mit Getöse die Treppe runter. „Erwin“, ruft der Vater aus dem Wohnzimmer, „wie oft habe ich dir schon gesagt, du sollst die Treppe leise runterkommen. Und das machst du jetzt. Du gehst rauf und kommst leise runter!“
Erwin geht hoch, und der Vater lauscht angestrengt. Da steht der Junge auch schon vor ihm.

„Prima“, sagt der Vater, „und so machst du das jetzt immer.“
„Gemacht“, freut sich Erwin, „ich rutsche sowieso lieber auf dem Geländer runter.“

Der kleine Markus sitzt weinend in der Ecke.
„Ja was ist denn los mit dir, kleiner Mann?“ fragt der Großvater.
„Vati will nicht mit Cowboy und Indianer spielen“, berichtet Markus heulend.
„Weißt du was“, sagt der Großvater, „dann spielen eben wir beide Cowboy und Indianer!“
„Das geht nicht“, heult Markus, „dich haben sie schon skalpiert.“

Udo besucht seinen Freund Ralf. „Was habt ihr denn da für eine komische Uhr?“ fragt Udo.
„Das ist eine Kuckucksuhr“, erklärt Ralf. „Jede Stunde kommt der Kuckuck raus.“
Udo kann es gar nicht glauben. „Wir haben zu Hause eine Großvateruhr“, sagt er, „aber da ist der Großvater noch nie rausgekommen.“

Fritzchen macht mit seinen Eltern Urlaub auf dem Bauernhof. Alles ist neu für ihn und sehr aufregend. Am Abend unternimmt die Familie einen Waldspaziergang. Da macht es: „Kuckuck.“
„Wer hat denn da gerufen?“ fragt Fritzchen.
„Das war ein Kuckuck“, sagt Vater.

„Das hör' ich auch", meint Fritzchen ungehalten, „aber ich möchte wissen, wer da gerufen hat!"

Der schlimme Junge sitzt im Birnbaum und klaut Birnen. Kommt der Bauer und schimpft: „Warte, das sag' ich heute abend deinem Vater!"
„Das können Sie ihm gleich sagen", sagt der schlimme Junge, „der sitzt neben mir."

Die große Schwester singt im Schulchor; zu Hause übt sie eifrig. Der kleine Udo ist alles andere als begeistert.
„Das ist eine Bach-Kantate", sagt Monika, „aber das gefällt dir ja nicht. Du darfst dir ein anderes Lied aussuchen."
„Kennst du ‚Die blaue Donau'?"
„Natürlich", sagt Monika.
„Los", sagt Udo, „dann hüpf rein!"

Udos große Schwester Monika hat Plätzchen gebacken. „Na, wie schmecken sie?" fragt sie.
„Igitt!" ruft Udo.
„Dann hast du keinen Geschmack", sagt Monika. „Im Kochbuch steht ausdrücklich: ‚Diese Plätzchen schmecken ausgezeichnet!'"

Der kleine Udo sitzt auf dem Boden und heult. „Mein Junge, was ist denn passiert?" fragt die Mutter besorgt.

„Ich habe mir das Knie angestoßen!“
„Und wann war das?“
„Vor einer halben Stunde.“
„Und warum heulst du erst jetzt?“ fragt die Mutter.
„Ich habe nicht gewußt, daß wer zu Hause ist!“

Udo: „Und wie ist deine Mama draufgekommen, daß du dich nicht gewaschen hast?“
Rolf: „Ich habe vergessen, die Seife naß zu machen.“

Udo: „Mama, darf ich ein bißchen Klavier spielen?“
Mutter: „Ja, aber wasch dir vorher die Hände!“
Udo: „Und wenn ich nur mit den schwarzen Tasten spiele?“

Marie hat einen Brief an den Großvater geschrieben und zeigt ihn der Mutter. „Fein“, lobt die Mutter, „aber warum hast du so große Buchstaben gemalt?“
„Opa ist doch schwerhörig“, sagt Marie, „und da mußte ich ganz laut schreiben.“

„Stell dir vor, Heinz, nächste Woche wird dein Urgroßvater 100 Jahre alt! Ist das nicht toll?“
„Er hat ja dazu auch ziemlich lange gebraucht.“

Die Brösels erwarten Besuch zum Abendessen. „Komm, Rolf, schneuz dich, kämm dir das Haar, und wasch dich, damit du frisch und appetitlich aussiehst!" sagt der Vater.
„Wieso", fragt Rolf, „wollt ihr mich essen?"

„Na, Verena, wie war dein erster Schultag?"
„Zuerst war alles noch in Ordnung. Aber dann ist so ein Typ gekommen und hat uns den ganzen Spaß verdorben."
„Was war das für ein Typ?"
„Ein sogenannter Lehrer."

„Na, Ralf, du hast ja ziemlich lange gebraucht, um den Salzstreuer zu füllen."
„Ich weiß, Mami, aber diese Löcher sind so klein!"

„Du Lümmel, du! Wenn du nicht sofort brav bist, hol ich den Polizisten da drüben!"
„Und dann sag' ich ihm, daß wir den Fernseher nicht angemeldet haben!"

„Hör mal, Klaus", sagt der Vater drohend, „womit habe ich dir für den Fall gedroht, daß ich dich einmal beim Rauchen erwische?"
„Das ist komisch, Papi", antwortet Klaus, „ich hab's auch vergessen."

Sylvia kommt mit einem miserablen Zeugnis nach Hause. Der Vater ist furchtbar enttäuscht. „Dabei habe ich dir ein Mountainbike versprochen", sagt er, „wenn deine Noten nicht allzu schlecht sind. Jetzt sag mir bloß, was du getan hast, statt zu lernen!"
„Fahrradfahren geübt."

„Ich wette mit dir, Vati, daß ich was machen kann, was du nicht kannst!"
„Was denn?"
„Wachsen!"

„Sei nicht so gemein, Ralf", ruft die Mutter. „Laß deine kleine Schwester auch mal mit den Murmeln spielen!"
„Aber sie gibt sie mir ja nie mehr zurück!" sagt Ralf.
„Wie willst du das wissen?"
„Sie ißt sie auf!"

„Mami!" heult Susi. „Der blöde Jan hat meine Puppe kaputtgemacht!"
„Wie ist denn das passiert?"
„Ich hab' ihm damit auf den Kopf gehauen!"

Jetzt hat der Lehrer aber endgültig genug von Peters Dummheiten und Frechheiten. Er schreibt einen geharnischten Brief an Peters Eltern.

„Peter!“ brüllt der Vater. „Komm sofort her. Dein Lehrer schreibt, er sei vollkommen außerstande, dir auch nur irgend etwas beizubringen! Das ist einfach unerhört!“
„Finde ich auch“, sagt Peter. „So schlechte Lehrer sollte man entlassen.“

„Na, Rolf, und was hat deine Schwester zu Weihnachten von dir bekommen?“
„Die Masern.“

„Vati“, sagt Ralf, „der Junge von nebenan hat gesagt, daß ich dir ähnlich sehe.“
„So“, sagt der Vater, „und was hast du gesagt?“
„Nichts“, sagt Ralf. „Er ist doch viel stärker als ich.“

„Mami, kannst du mir bitte das Gesicht waschen?“
„Das kannst du doch schon selber machen!“
„Das schon. Aber dann werden meine Hände wieder ganz naß!“

„Wir sind mit dem Bundespräsidenten verwandt!“ erzählt Hajo stolz.
Karin staunt. „Das ist ja ein Ding. Ist er dein Onkel, oder so was?“
„Das nicht“, sagt Hajo, „aber sein Hund ist der Bruder von unserem Hund.“

„Sag mal Klaus, kennst du ein Mädchen namens Birgit Meier?"
„Klar. Sie schläft in der Bank hinter mir."

„Olaf, wie oft soll ich dir noch sagen, daß du die Keksdose in Ruhe lassen sollst?"
„Gar nicht mehr. Sie ist schon leer."

Im Wohnzimmer scheppert es. Eine Sekunde darauf erscheint der kleine Gustav in der Küche. „Mami", sagt er kleinlaut, „was würdest du mit jemandem machen, der die Vase im Wohnzimmer kaputtgemacht hat?"
„Ich würde ihm ein paar auf den Po geben", sagt die Mutter aufgebracht, „und dann ab ins Bett mit ihm ohne Abendessen und eine Woche Fernsehverbot."
„Das wird lustig", sagt Gustav, „die Vase hat nämlich Papi zerbrochen!"

„Meine Güte, Udo, wie siehst denn du aus!" ruft die Mutter. „Du hast gerauft, stimmt's? Und zwei Zähne verloren!"
„Die hab' ich nicht verloren", sagt Udo, „die hab' ich hier im Taschentuch."

„Wer von euch Lümmeln hat dieses Fenster eingeworfen?"
„Das war Fred. Der hat sich geduckt!"

Die kleine Sabine kritzelt fleißig was aufs Papier. „Ich schreib' Oma einen Brief!" kräht sie.
„Aber Sabine", sagt Mama, „du kannst doch noch gar nicht schreiben!"
„Macht nichts", meint Sabine, „aber Oma kann lesen!"

Erichs Tante ist sehr religiös. Nach dem Abendessen sagt sie zu Erich: „Und jetzt sag schön dein Dankgebet!"
„Danke, Gott", betet Erich.
„Das war aber nicht gerade großartig", sagt die Tante.
„Das Essen auch nicht", erwidert Erich.

Werner kommt nach Hause. „Stell dir vor, Mama, ich gehe jetzt nicht mehr in die Kochstunde."
Mutter: „Aber wieso denn? Du hast es doch am Anfang so toll gefunden, in der Schule kochen zu lernen."
Werner: „Na ja, aber heute ist mir was verbrannt."
Mutter: „Was denn?"
Werner: „Die Schulküche."

Die liebe Familie

„Hansi“, erkundigt sich die Mutter, „weißt du, wo ich den Osterstollen hingetan habe?“
„Ja“, beruhigt sie Hansi. „Hinten oben in der ...“
„Schon gut“, unterbricht ihn die Mutter. „Dann muß ich halt einen anderen Platz suchen!“

Tante: „Sag mal, Brigitte, was für einen Beruf hat denn eigentlich dein Zukünftiger?“
„Weiß ich noch nicht“, sagt Brigitte. „Aber mein Gegenwärtiger ist Lehrer.“

„Omi“, erkundigt sich Klein Christof, „sagt man eigentlich ‚schlag mich‘ oder ‚schlag mir‘?“
„Aber Kindchen“, meint darauf Oma, „natürlich heißt es ‚schlag mich‘!“
„Gut“, erwidert Klein Christof, „dann schlag mich bitte das Buch auf!“

„Was hat dir denn dein Bruder eigentlich zum Geburtstag geschenkt?“ will Onkel Franz wissen.
„Ein leeres Sparschwein“, antwortet Susi.
„Das sieht ihm aber ähnlich!“
„Eigentlich nicht“, wundert sich Susi.

„Du siehst aber heute verdammt blaß aus, Fritz“, sorgt sich der Vater beim Abendessen, „habt ihr denn schon wieder gerauft?“
„Im Gegenteil“, klärt ihn Fritz auf, „wir haben die Friedenspfeife geraucht!“

Mutter und Tochter sind in der Küche und waschen ab. Vater und Sohn sitzen im Wohnzimmer und sehen fern. Da scheppert es plötzlich fürchterlich in der Küche.
„Jetzt ist ihnen was auf den Boden gefallen", bemerkt der Vater.
„Das war Mutti", sagt der Sohn.
„Woher willst du denn das wissen?" erkundigt sich der Vater überrascht.
„Weil niemand schimpft!"

„Wo liegt denn eigentlich Afrika, Papi?" will Klein Hans wissen.
Der Vater überlegt eine Weile und sagt schließlich: „Also so genau kann ich dir das jetzt auch nicht sagen, aber weit kann es nicht sein. Bei uns in der Firma arbeitet ein Schwarzer, und der kommt jeden Tag mit dem Fahrrad zur Arbeit."

Es ist Sonntag. Wieder einmal steht einer der verhaßten Verwandtenbesuche auf dem Programm. Diesmal geht's zu Tante Frieda. Klein Helmut graut schon vor dem Tag. Und tatsächlich nimmt das Unheil gleich beim Betreten von Tante Friedas Wohnung seinen Lauf: Klein Helmut stößt bei einem Kasten an – schon fällt eine Vase auf den Boden und zerspringt in tausend Stücke. „Die ist 700 Jahre alt!" ruft Tante Frieda entsetzt.

„Na, zum Glück", gibt sich Klein Helmut erleichtert, „ich dachte schon, die wäre neu."

„Jetzt sag einmal, Max", ärgert sich die Mutter, „nun ißt du schon das fünfte Stück Torte, und ich habe dir nur eines erlaubt!"
„Da muß ich mich wohl verzählt haben", entschuldigt sich Max.

„Und", will Tante Trude von Klein Martin wissen, „wie gefällt dir dein neues Brüderchen?"
„Na ja", meint darauf Klein Martin ungerührt, „was sollen wir tun. Jetzt können wir ihn sowieso nicht mehr zurückgeben, weil wir ihn schon länger als zehn Tage haben."

Endlich haben es Herr und Frau Huber einmal geschafft: ein ruhiger Abend zu zweit ohne Kinder. Man sitzt im Theater und genießt das Stück. Für alle Fälle, man weiß ja nie, haben sie der Babysitterin die Telefonnummer vom Theater aufgeschrieben.
Da kommt plötzlich der Portier in die Loge und flüstert Frau Huber ins Ohr: „Die Babysitterin hat gerade angerufen!"
„Was will sie denn schon wieder wissen?"
„Sie läßt fragen, ob sie der Feuerwehr ein Trinkgeld geben soll."

Es ist Sonntag. Klein Max geht in die Kirche, um seine Sünden zu beichten. Sagt er zum Pfarrer: „Ich habe begehrt meines Nachbarn Weib.“ Der Pfarrer kann es kaum fassen. „Ja ist denn das wirklich wahr?“ fragt er nach.
„Ja, doch“, antwortet Max schuldbewußt, „die kann nämlich viel besser kochen als meine Mami!“

Fritzchen geht das erste Mal allein in die Kirche. „Sei ordentlich und bescheiden“, ermahnt ihn die Mutter, „und mach mir keine Schande!“
Als er nach Hause kommt, will die Mutter wissen, ob er sich auch brav benommen hat.
„Aber natürlich“, beruhigt Fritz die Mutter. „Als der Mann mit dem Korb voller Geld zu mir gekommen ist, hab’ ich ‚nein, danke‘ gesagt!“

„Wenn ich gähne, halte ich mir die Hand vor den Mund“, erklärt Opa dem Hansi.
„Das brauch’ ich nicht zu tun“, meint da der Junge, „mir fallen ja die Zähne nicht heraus!“

„Du Mama“, sagt Gerhard, „wenn ich groß bin, möchte ich Polarforscher werden.“
„Ist schon recht, mein Junge, tu das nur“, meint die Mutter.
„Mama, da muß ich aber jetzt schon zu trainieren beginnen“, quengelt Gerhard.

„Ja, ist gut, fang nur schon mal damit an."
„Dann brauch' ich zwei Mark für einen Eislutscher", sagt Gerhard, „ich muß mich nämlich schön langsam an die Kälte gewöhnen!"

Frau Meier und Frau Huber unterhalten sich über ihre Kinder. „Was will denn Ihr Bub einmal werden?" erkundigt sich Frau Meier.
„Ach, der wird einmal Arzt", berichtet stolz Frau Huber.
„Und", will Frau Meier weiter wissen, „bereitet er sich schon auf seinen künftigen Beruf vor?"
„O doch, gewiß", antwortet Frau Huber, „er hat schon angefangen, Zeitschriften für das Wartezimmer zu sammeln."

Die Mutter geht mit Sabine in der Stadt spazieren. „Kannst du mir bitte eine Mark geben?" fragt Sabine.
„Wozu brauchst du denn das Geld?" erkundigt sich die Mutter.
„Ach, für den alten Mann da hinten", erklärt Sabine.
„Du willst also dem Bettler etwas in den Hut werfen", meint die Mutter wohlwollend. „Das ist aber nett von dir!"
„Na ja", antwortet Sabine, „der alte Mann verkauft Eis."

Familie Meier geht auf den Markt einkaufen. Heute ist besonders viel los. Ein paar neue Stände gibt es auch. Bei einem ruft ein Mann laut: „Neue, prima Klobürsten, extra billig! Neue, prima Klobürsten, extra billig!“
Sagt Klein Norbert zu seinen Eltern: „Die kaufen wir aber bitte nicht, ich hab’ mich jetzt schon so ans Papier gewöhnt!“

Es ist der erste wirklich warme Sommertag. Die Kinder gehen ins Schwimmbad. Wundert sich Franz und zeigt auf einen Fleck auf Helmuts Arm: „Was ist denn das?“
„Das ist ein Muttermal“, klärt ihn Helmut auf. Als sie sich die Hosen ausziehen, zeigt Franz auf einen blauen Fleck auf Helmuts Po: „Und was ist das?“ will er wissen.
„Das da“, erklärt Helmut, „ist ein Vatermal.“

Es ist Vatertag. Bernd weiß noch nicht so recht, womit er dem Vater eine Freude machen soll. Da kommt er bei einem Blumengeschäft vorbei. In der Auslage steht in großer Schrift: „Laßt Blumen sprechen!“
„Das wär’ doch was“, denkt sich Bernd. Er betritt den Laden und fragt die Verkäuferin: „Haben Sie auch Blumen, die ‚Alles Gute zum Vatertag!‘ sagen?“

Andreas weint herzzerreißend. Fragt ihn Anton: „Ja was ist denn so Furchtbares passiert?"
„Ich hab' meine ganzen Süßigkeiten aufgegessen", schluchzt Andreas.
„Aber das ist doch nicht so schlimm", meint Anton.
„Doch, doch", erklärt Andreas, „ich hatte geglaubt, die Sachen gehören meiner Schwester!"

„Was ist denn eigentlich ein Dieb?" will die kleine Franziska von der großen Schwester wissen.
Sie erklärt es ihr: „Also, paß auf! Wenn ich dir aus dem Mantel zehn Mark herausnehme, ohne daß du es bemerkst, was bin ich dann?"
„Ein Zauberer!" ruft Franziska strahlend.

„Gibst du mir zehn Mark?" bettelt Georg seinen Vater an.
„Nein und abermals nein!" sagt der Vater unwillig.
Georg läßt nicht locker. „Und wenn ich dir verrate, was der Postbote heute zur Mami gesagt hat, krieg' ich dann zehn Mark?"
„Also gut", erkundigt sich der Vater sichtlich gespannt, „was hat denn der Postbote zur Mami gesagt?"
„Er hat gesagt: ‚Guten Morgen, Frau Huber, hier ist Ihre Post.' "

Franz und Berta wollen heiraten. Doch so schnell geht das nicht. Zuvor will Bertas Vater wissen, ob Franz auch ein würdiger Schwiegersohn wäre. Deshalb stellt er einige Fragen:
„Rauchen Sie?“ erkundigt er sich zunächst.
„Nein“, antwortet Franz.
„Trinken Sie?“ fragt der Vater dann.
„Nein.“
„Interessieren Sie sich für andere Mädchen?“
„Nein.“
„Ja haben Sie denn überhaupt keine Schwächen?“ fragt Bertas Vater schließlich ungläubig.
„Doch“, antwortet Franz, „ich bin ein verdammter Lügner.“

Die Mutter schimpft mit Hans: „Wie oft hab’ ich dir schon gesagt, daß du nicht dauernd raufen sollst! Und jetzt erwische ich dich schon wieder dabei, wie du dich mit Martin prügelst. Wer hat denn diesmal angefangen?“
„Das war Martin“, verteidigt sich Hans. „Er hat zuerst zurückgeschlagen!“

Robert und Friedrich unterhalten sich über ihre Eltern. Meint Robert: „Erwachsene sind eigentlich schon sonderbare Menschen. Zuerst setzen sie alles daran, daß wir reden lernen, und sobald wir endlich was sagen können, sollen wir den Mund halten!“

Heute kommt Tante Frieda auf Besuch. Die Kinder werden ermahnt, auch nur ja ganz artig zu sein. Und so ist es auch – zumindest eine Zeitlang. Auf einmal macht der kleine Helmut einen Satz und beißt Tante Frieda ins Kleid. „Ja, was sagt man denn dazu!“ ruft Tante Frieda.
„Mami hat recht“, ruft Helmut. „Dein Kleid ist wirklich geschmacklos!“

Susi und Martin spielen schon den ganzen Tag miteinander. Schließlich fällt ihnen nichts mehr ein, was sie noch spielen könnten. Da hat Martin eine Idee: „Spielen wir doch Vater und Mutter!“
„Geht nicht“, meint Susi bedauernd, „Mami hat gesagt, wir dürfen nichts spielen, was Lärm macht!“

Familie Krause sitzt bereits beim Mittagstisch. Alle warten aufs Essen.
„Heute wird ausnahmsweise keiner über das Essen meckern!“ verkündet die Mutter.
„Da sind wir aber gespannt!“ sagt Herr Krause. „Und warum nicht, wenn ich fragen darf?“
„Weil ich heute gar nichts gekocht habe!“ erklärt die Mutter.

Matthias hat in der Stadt ein Los erstanden. Strahlend kommt er nach Hause. „Wenn ich gewinne, kaufe ich mir ein Moped!“ jubelt er.

„Und wenn du nicht gewinnst?“ erkundigt sich der Vater vorsichtig.
„Dann kaufst du mir das Moped!“ erklärt Matthias.

Der kleine Jan ist bei Oma auf Besuch.
„Möchtest du Pizza, Spaghetti“, erkundigt sich Oma, „Brötchen, Chips, Torte, Kekse ...?“
„Ach, Omi“, unterbricht sie Jan, „Pizza, Spaghetti, Brötchen, Chips, Torte und Kekse, das reicht fürs erste!“

Zum Nachtisch hat jedes Kind ein schönes Stück Kuchen auf den Teller bekommen. „Ich möchte aber zwei Stücke!“ nörgelt Jörg.
„Hier ist das Messer“, meint Bruder Hans mitfühlend.

Bei Familie Kracherl ist wieder einmal der Teufel los. Die Kinder machen einen Lärm, daß man sein eigenes Wort nicht mehr versteht.
„Sagen Sie mal, Frau Kracherl“, sagt die Nachbarin, „wie halten Sie das aus, wenn ihre Kinder so brüllen? Sie müssen ja schon halb wahnsinnig sein!“
„Ach“, meint Frau Kracherl, „so schlimm ist das auch wieder nicht. Eins der Kinder schreit immer so laut, daß man die anderen gar nicht mehr hört!“

An der Kinokasse. Es ist schon Abend. Eine Frau fragt die Kassiererin: „Haben Sie einen kleinen blonden Jungen gesehen, braune Hose, grüner Pullover, rote Mütze?"
„Ja", antwortet die Kassiererin, „der sitzt nun schon die vierte Vorstellung im Saal."
„Gut", meint die Frau beruhigt, „das ist mein Sohn. Geben Sie ihm bitte diese Brötchen, das ist sein Abendessen!"

Franzi übt brav am Klavier. Da läutet es an der Wohnungstür. „Ich bin der Klavierstimmer", stellt sich der Mann vor der Tür vor.
„Aber wir haben doch gar keinen Klavierstimmer bestellt!" sagt Franzi.
„Sie vielleicht nicht", meint der Mann, „aber ihre Nachbarn!"

„Studiert Ihr Sohn eigentlich noch immer Medizin, Frau Pampe?" erkundigt sich die Nachbarin schadenfroh.
„Ja doch", antwortet Frau Pampe. „Und das ist auch gut so. Sehen Sie, zu älteren Ärzten haben die Patienten ganz einfach mehr Vertrauen!"

Bei der Taufe war der Säugling ungewöhnlich ruhig. Wundert sich der Pfarrer: „So ein braves Kind habe ich noch nie erlebt. Ich war sehr überrascht."

„Ich eigentlich nicht“, meint die Mutter, „schließlich haben wir vier Wochen lang mit der Gießkanne geübt!“

Der reiche Baron Rothschild erfährt von den unglaublich hohen Schulden seines zukünftigen Schwiegersohnes. Er stellt den jungen Mann zur Rede. „Und mit diesem Schuldenberg wollen Sie meine Tochter heiraten?“
„Ja, wissen Sie denn einen anderen Ausweg?“

Frau Bolle berichtet ihrer Nachbarin: „Gestern habe ich im Tierheim für meine Tochter eine ganz, ganz liebe Katze bekommen!“
„Na“, sagt die Nachbarin, „das war aber wirklich ein guter Tausch!“

Zwei Saufbrüder klagen einander ihr Leid. Sagt der eine: „Wenn ich spät nach Hause komme, dann kocht meine Frau vor Wut.“
„Da hast du’s aber viel besser als ich!“ sagt der andere. „Wenn ich spät heimkomme, gibt’s nichts Warmes mehr!“

Frau Bolle ist besorgt.
„Irgendwie müssen die Knolles auf uns sauer sein“, sagt sie zu ihrem Mann. „Die grüßen schon seit Tagen nicht mehr!“
„Mmh“, grübelt Herr Bolle, „dann laß uns mal

überlegen, was wir gemacht haben. Und dann machen wir dasselbe auch mit unseren anderen Bekannten."

Herr Bolle: „Sagen Sie, wo haben Sie eigentlich Ihre Frau kennengelernt?"
Herr Knolle: „Im Zug. Und Sie?"
Herr Bolle: „Im Zoo."
Herr Knolle: „Wie interessant. Und in welchem Gehege?"

„Mein Mann hat jetzt im Betrieb eine Schlüsselstellung!" erzählt Frau Knall voller Stolz.
„Ach nein", haucht die Nachbarin voller Neid.
„Was ist er denn, Abteilungsleiter, Personalchef?"
„Das gerade nicht", sagt Frau Knall. „Er ist Hausmeister geworden!"

„Tante Berta, ich habe gar nicht gewußt, daß du tanzen kannst", plappert Rudi.
„Wieso tanzen, wie kommst du denn darauf?" will die Tante wissen.
„Na ja, Papa sagt doch immer: ‚Da kommt die dumme Gans wieder angetanzt.'"

Klein Andreas schaut immer zu, wenn die Mutter das Baby nach dem Windelnwechseln pudert. Als er dann einmal zufällig sieht, wie sich seine große Schwester das Gesicht einpudert, ruft

Klein Andreas aufgeregt: „Halt, aufhören! Du puderst ja an der ganz falschen Stelle!"

Die Mutter kommt von der Arbeit nach Hause.
„Na, Kinder", fragt sie, „habt ihr die Küche gemacht, wie ich euch gebeten hatte?"
„Ja", ruft Udo, „ich habe das Geschirr abgewaschen!"
„Ja", ruft Sabine, „ich habe das Geschirr abgetrocknet!"
„Ja", ruft Max, „ich habe die Scherben weggefegt!"

Zwei Jungen erzählen einander, was sie schon alles an Krankheiten und Unfällen durchgemacht haben.
„Ich habe mir einmal die Hand so weh getan, daß ich zwei Monate lang nicht schreiben konnte."
„Das ist noch gar nichts", sagt der andere, „ich habe einmal ein ganzes Jahr nicht auf den Beinen stehen können."
„Wann war das?"
„Als ich ein Baby war."

Marie: „Die Mundharmonika ist das tollste Geschenk, das ich jemals bekommen habe!"
Inge: „Wieso denn das?"
Marie: „Papi gibt mir für jedes Lied eine Mark."
Inge: „Was, für jedes Lied, das du spielst?"

Marie: „Nein, für jedes Lied, das ich nicht spiele!"

Mutter: „Sag mal, Karin, warum hast du das arme Baby auf den Boden fallen lassen?"
Karin: „Alle sagen, das Baby ist springlebendig. Das wollte ich ausprobieren."

Baby brüllt mal wieder, daß die Wände wakkeln. Der kleine Udo fragt seine Mutter: „Stimmt es, daß die Babys vorher im Himmel wohnen, bevor sie auf die Welt kommen?"
„Das stimmt", sagt die Mutter.
„Und unser Baby war vorher auch im Himmel?"
„Ja", sagt die Mutter.
„Kein Wunder", sagt Udo, „daß sie ihn rausgeschmissen haben."

Herr Brösel hat seinen Chef zum Abendessen nach Hause eingeladen. Alle sind furchtbar aufgeregt. Die kleine Verena darf den Aperitif servieren. Sie macht das wirklich gut. Aber dann bleibt sie stehen und starrt den Gast unverwandt an.
„Was hast du denn?" fragt der Chef.
„Ich möchte wissen, wie der Trick geht", sagt Verena.
„Welcher Trick?"
„Vati sagt, Sie saufen wie ein Loch."

Vater: „Wenn du morgen beim Englischtest über die Runden kommst, gebe ich dir ein funkelnagelneues Fünfmarkstück!"
Sohn: „Ich hätte auch nichts gegen einen alten, dreckigen Fünfzigmarkschein."

Ralf kommt mit zerrissenem Pullover und dreckigen Hosen nach Hause. „Wie schaust denn du aus!" ruft die Mutter entsetzt. „Was ist passiert?"
„Da waren ein paar, die wollten einen kleinen Jungen verprügeln, und das konnte ich nicht zulassen."
„Na ja", sagt Mutter gerührt, „das war ja tapfer. Wer war denn der kleine Junge, den sie verprügeln wollten?"
„Das war ich."

Silvia schiebt ihr kleines Schwesterchen im Kinderwagen durch den Park. Kommt eine ältere Dame, guckt in den Wagen, macht: „Ja dudududu", und fragt Silvia: „Wie heißt denn das Baby?"
„Keine Ahnung", sagt Silvia mürrisch, „das kann noch nicht reden."

Mutter: „Sag mal, Rolf, warum heulst du denn so?"
Rolf: „Papi hat sich mit dem Hammer auf den Daumen geschlagen!"
Mutter: „Komisch, daß du deshalb heulst. Norma-

lerweise lachst du, wenn jemandem so etwas passiert!“
Rolf: „Zuerst habe ich ja gelacht ...“

„Vati, warum hast du dir schon wieder den schönen Vollbart abrasiert? Das ist schon das zweite Mal heuer!“
„Ach weißt du, Susi, Mami stopft ein Kopfkissen.“

Es geht mich ja nichts an, Frau Bolle“, sagt die Nachbarin, „aber ich frage mich schon die ganze Zeit, warum Sie immer nur Kondensmilch kaufen.“
„Was soll ich machen“, sagt Frau Bolle, „unsere Küche ist so klein.“

„Ich finde Spiegel richtig blöd“, sagt der kleine Tim.
„Warum denn das?“ fragt die Mutter.
„Jedesmal, wenn ich in den Spiegel gucken will“, sagt Tim, „ist mir mein Gesicht im Weg.“

Udo und Rolf klettern wieder einmal in Nachbars Garten. Der Nachbar hat es ihnen zwar verboten, aber was soll's. Zuerst spielen sie ‚Die unglaubliche Verfolgungsjagd durch den Dschungel‘, dann ‚Räuber und Gendarm‘, dann ‚Der wildeste Häuptling der Navajo‘, und dann steckt der

Nachbar seinen Kopf aus dem Fenster und brüllt: „Hab' ich euch nicht gesagt, ihr sollt euch hier ja nicht mehr erwischen lassen!"
„Stimmt", ruft Udo zurück, „aber Sie haben uns ja noch gar nicht erwischt."

Heiner: „Mein Großvater wurde auf den Namen ‚Gluck Gluck Gluck' getauft."
Holger: „Glaub' ich nicht."
Heiner: „Doch. Der Pfarrer ist ins Taufbecken gefallen."

Familie Knolle war auf Urlaub in Tirol.
„Wie schön für Sie!" sagt die Nachbarin. „Sicher haben Sie die herrliche Aussicht genossen!"
„Ging leider nicht", erwidert Herr Knolle. „Standen lauter Berge davor."

Herr und Frau Brösel wandern durch die Tiroler Bergwelt, und das macht müde. Jetzt kommen sie an ein Schild „Obergurgl – 10 Kilometer".
„Das geht ja", sagt Herr Brösel erleichtert, „noch fünf Kilometer für jeden."

Heiner: „Mein Onkel Herbert hat sich jetzt aus den Tagesgeschäften zurückgezogen."
Holger: „Und was macht er jetzt?"
Heiner: „Er hat einen Job als Nachtwächter."

Frau Knösel hat Drillinge bekommen. Herr Knösel sitzt im Wartezimmer. Da kommt die Säuglingsschwester mit drei Babys im Arm.
„Na, Herr Knösel?“ ruft sie strahlend.
„Tja“, sagt Herr Knösel, „ich nehme das mittlere.“

„Mami“, ruft die kleine Karin aus dem Kinderzimmer, „kann ich noch ein Glas Wasser haben?“
„Jetzt schlaf endlich, mein Kleines“, antwortet Mami. „Du hattest doch schon drei Gläser!“
„Ich weiß“, ruft Karin, „aber das Kinderzimmer brennt.“

„Hör mal, Gustav“, sagt Onkel Alfred, „zum Geburtstag habe ich dir doch diese tolle Uhr geschenkt. Antimagnetisch. Stoßsicher. Wasserdicht. Bruchsicher. Gehärtetes Quarzglas. 20 Jahre Garantie. Warum trägst du sie nicht?“
„Ich hab’ sie verloren.“

„Hört sofort auf zu streiten, Kinder!“ schimpft die Mutter. „Man muß im Leben lernen, zu geben und zu nehmen!“
„Hab’ ich gemacht“, ruft Udo, „ich hab’ ihm einen Fußtritt gegeben und den Lutscher genommen.“

Heiner: „Meine Schwester hat ihren Freund auf einem Karussell kennengelernt."
Holger: „Und dann?"
Heiner: „Seither geht es bei denen rund!"

Die Bommels bekommen einen Brief von Tante Hilda. Frau Bommel macht ihn auf. Im Umschlag steckt ein leeres Blatt Papier.
„Das ist ja merkwürdig", sagt Herr Bommel.
„Finde ich nicht", meint Frau Bommel. „Schließlich sprechen wir seit Jahren nicht mehr miteinander."

Heiner: „Ich habe die Augen von der Mutter und die Nase vom Vater."
Holger: „Ist ja furchtbar. Und deine Eltern kommen trotzdem zurecht?"

Astrid spielt Klavier und singt dazu. Und singt und spielt und spielt und singt.
„Ich wollte, du würdest endlich im Fernsehen auftreten", sagt ihr kleiner Bruder.
„Ja, das wäre wirklich toll!" seufzt Astrid. „Und warum wünschst du dir das?"
„Dann könnte ich dich abdrehen", meint der kleine Bruder und grinst.

„Vielen Dank für das Kochbuch, das Sie mir vergangene Woche geschenkt haben", sagt Frau

Knall. „Ich habe es sofort gelesen. Ich sage Ihnen, ich habe selten so geweint.“
„Wieso geweint?“ fragt Frau Bolle. „Wie kann man wegen eines Kochbuchs weinen?“
„Ach“, sagt Frau Knall, „so viele rührende Szenen!“

Die Knolles sind vom Urlaub zurück. „Und wie fanden Sie eigentlich Amerika?“ fragt der Nachbar.
„Ganz einfach“, sagt Frau Knolle, „am Nordpol sind wir rechts abgebogen.“

Frau Knösel ist furchtbar stolz auf ihren Sohn. „Seit er sechs Monate alt wurde, läuft er jetzt schon!“
„Und wie alt ist er jetzt?“ fragt die Nachbarin.
„Zwei Jahre“, sagt Frau Knösel.
„Meine Güte“, staunt die Nachbarin, „der muß ja schon ziemlich müde sein.“

„Liebe Anita“, seufzt Karl, „ich verstehe einfach nicht, warum du mich nicht mehr heiraten willst. Ich habe dir doch erzählt, daß mein Onkel ein Millionär ist.“
Anita schweigt.
„Oder ist da ein anderer Mann in deinem Leben?“
„Ja“, gesteht Anita, „dein Onkel.“

„Ich mach' dir einen Vorschlag", sagt Onkel Knut, „wenn du mir jede Woche einmal das Auto wäschst, bekommst du wöchentlich zehn Mark. Nächstes Jahr geb' ich dir dann 20 Mark."
„Einverstanden", erwidert Udo. „Ich fange nächstes Jahr an."

„Ich hab' gehört", sagt die Nachbarin, „daß Sie heuer im Sommer zu Hause bleiben, weil Sie sich keinen Urlaub in Italien leisten können."
„Dummes Zeug", meint Frau Knall. „Heuer können wir uns keinen Urlaub in Spanien leisten. Den Urlaub in Italien hatten wir uns letztes Jahr nicht leisten können."

„Papi, hilf mir!" ruft Volker. „Ich krieg' den Kran einfach nicht zusammen."
„Aber auf der Packung steht, daß den Kran ein Fünfjähriger zusammenbauen kann", sagt der Vater.
„Das erklärt einiges!" meint Volker erleichtert. „Ich bin neunundzwanzig."

Herr und Frau Hömpel kommen an einer Waage vorbei. „Stell dich mal drauf!" sagt Frau Hömpel. Herr Hömpel stellt sich drauf.
„So", sagt Frau Hömpel, „und jetzt schauen wir in der Tabelle nach. Siehst du. Du hast Übergewicht."

„Ich habe kein Übergewicht", erklärt Hömpel. „Ich habe Untergröße."
„Was meinst du damit?" fragt Frau Hömpel.
„Ich bin zu klein für mein Gewicht."

Mutter: „Iß deinen Spinat, Udo, damit du etwas Farbe in die Wangen bekommst!"
Udo: „Will aber keine grünen Wangen!"

„Wie alt bist du denn jetzt, Gustav", fragt Onkel Alfred
„Acht,'Onkel Alfred."
„Und was möchtest du einmal werden?"
„Neun!"

Familie Knall macht wieder einen Ausflug aufs Land. Sie wandern durch die Gegend und spazieren durch ein großes Tor in einen wunderschönen Park.
„He, Sie", ruft ein Mann mit Mütze, „das ist der Park von Schloß Zitzewitz. Haben Sie denn das Schild am Tor nicht gesehen?"
„Doch", sagt Herr Knall, „aber da stand ganz groß ‚Privat', und da wollten wir natürlich nicht weiterlesen."

Die Brösels haben eine neue Küchenuhr.
„Die geht fünf Jahre lang, ohne daß man sie aufzieht", prahlt Frau Brösel.

„Ach“, sagt der Nachbar, „und wie lange geht sie, wenn man sie aufzieht?“

„Heribert“, ruft die Mutter, „du kommst mir erst rein, wenn du saubere Füße hast.“
Heribert latscht ins Wohnzimmer und hinterläßt entsetzliche Fußstapfen auf dem Teppich.
„Heribert!“ kreischt die Mutter, „hab’ ich dir nicht gesagt ...“
„Was hast du denn“, sagt Heribert, „die Füße sind ja sauber. Nur die Schuhe sind dreckig.“

Karl und Otto laufen beim Pfarrhaus vorbei. Der Pfarrer lehnt sich über den Zaun und zeigt den beiden Jungen einen Ball.
„Ist das euer Ball?“
„Wieso“, fragt Otto, „hat er was kaputtgemacht?“
„Nein“, sagt der Pfarrer.
„Dann gehört er uns.“

Tante Emma und Onkel Erich haben sich einen alten VW-Käfer mit Heckmotor zugelegt. Bei der ersten Ausfahrt stottert der Motor. Onkel Erich öffnet vorne die Haube und erstarrt.
„Emma“, ruft er, „jemand hat den Motor geklaut!“
„Mach dir nichts draus“, sagt Tante Emma. „Ich hab’ gesehen, hintendrin ist ein Ersatzmotor.“

Der Hausmeister guckt aus dem Fenster in den Garten hinunter.
„Die Nachbarsjungen haben eben Birnen geklaut“, sagt er.
„Na und? Wirst du sie bestrafen?“ fragt seine Frau.
„Ach was, die sind bestraft genug“, sagt der Hausmeister. „Das sind Mostbirnen.“

„Mein Sohn wird sicher einmal ein tüchtiger Buchhalter“, sagt Frau Knolle. „Er übt jetzt schon.“
„Wie macht er denn das?“ fragt die Nachbarin.
„Er leiht sich immer Bücher aus“, sagt Frau Knolle, „und dann bringt er sie jahrelang nicht zurück.“

„Heribert, du sollst nicht dauernd über den Tisch nach den Keksen greifen!“ schimpft die Mutter. „Kannst du denn den Mund nicht aufmachen?“
„Doch“, sagt Heribert, „aber damit komm’ ich so schlecht ran.“

Blöde Frage

Heiner: „Meine Oma ist wie eine Zeitung."
Holger: „Wieso, redet sie so viel?"
Heiner: „Das nicht. Aber sie erscheint täglich!"

Wer hat es gern, wenn andere Leute ihre Nasen in ihre Sachen stecken?
Taschentuchfabrikanten.

Welcher Monat hat 28 Tage?
Jeder. (Die meisten haben noch ein paar mehr ...)

Welche Flüssigkeit kann nicht gefrieren?
Warmes Wasser.

Warum sind Gewitter in der Nacht besonders gefährlich?
Weil da der Blitz den Blitzableiter nicht sieht.

„Papa", erkundigt sich Sabine, „darf ich lesen, bis ich einschlafe?"
„Gut, aber keine Minute länger!"

„Hast du schon einmal einen Elefanten in einem Apfelbaum gesehen?" fragt Heiner seinen Freund Holger.
„Nein", antwortet Holger verdattert.
Darauf Heiner: „Siehst du, wie die sich gut verstecken können!"

In der Amtsstube.
„Wie heißen Sie bitte?“ will der Beamte wissen.
„Huber, ohne hartes T.“
„Aber Huber schreibt man doch immer ohne hartes T!“
„Sag’ ich doch!“

Warum ist das Pferd das lustigste Tier?
Weil es alle Straßen veräppelt!

Was sind Vögel auf einer Fernsehantenne?
TV-Stars!

Was ist der Unterschied zwischen einem Nilpferd und einem Floh?
Das Nilpferd kann einen Floh haben, aber der Floh kein Nilpferd.

Warum trägt der Lehrer im Unterricht Sonnenbrillen?
Weil er so glänzende Schüler hat!

„Wieviel Holz brauchst du eigentlich für das Feuer, wenn du Rauchsignale senden willst?“ fragt ein Indianer den anderen.
„Kommt ganz drauf an“, sagt der andere. „Orts- oder Ferngespräch?“

Was sagte der Polizist, nachdem er das vierköpfige Ungeheuer gefangen hatte?
„Du bist verhaftet! Du bist verhaftet! Du bist verhaftet! Du bist verhaftet!“

Was sagte der Kannibale, als er nach seiner Amerikareise wieder im Urwald war?
„Das Land war ja ganz nett, aber das Essen war einfach unmenschlich!“

Was ist die Uhr?
Eine zeitgemäße Erfindung!

Wieso trug das Monster einen grünen Pullover?
Weil sein gelber Pullover in der Reinigung war!

Wie heißt das Lieblingsgetränk von Krokodilen?
Kroca-Cola.

Warum mögen Mäuse keinen Schnaps?
Weil sie Angst vor dem Kater haben.

Warum dauert es bei Giraffen so lange, bi
sich entschuldigen?
Weil sie so lange brauchen, bis sie ihren St
endlich hinuntergeschluckt haben.

Was ist eine Brillenschlange ohne Brille?
Eine Blindschleiche.

Was ist die Mehrzahl von Lebensgefahr?
Lebensgefährten.

Was ist das Komische an viereckigen Radios?
Daß man damit Rundfunk hören kann.

Wenn der Kopf eines Pferdes nach Norden zeigt, wohin zeigt dann sein Schwanz?
Nach unten.

Wenn zwei Männer zwei Stunden brauchen, um eine Mauer zu errichten, wieviel Zeit brauchen dann vier Männer?
Gar keine, weil die Mauer schon steht.

Was ist ein Musikzimmer in einer schottischen Wohnung?
Das Zimmer, in dem man die Stereoanlage des Nachbarn am besten hört.

Wie teilt man sechzehn Birnen unter sieben Kindern am gerechtesten auf?
Man macht Birnenmus draus.

Was sagt eine Mauer zur anderen?
„Wir treffen uns an der Ecke."

Welche Zeit ist es, wenn man einem Krokodil begegnet?
Höchste Zeit, abzuhauen!

Was macht ein Pferd, wenn es regnet?
Es wird naß.

Was ist das: Es ist schwarz und schwingt sich von Baum zu Baum?
Tarzans Kohlenhändler.

Was fängt mit ‚T' an, ist voller Tee und hört mit ‚t' auf?
Teepott.

Warum wird Frank beim Schwimmen immer wieder von Fischen gebissen?
Weil er ein Bücherwurm ist.

Was tragen Gummibären, wenn es regnet?
Gummistiefel.

Bei welchem Tier ist die Intelligenz am höchsten?
Bei der Giraffe.

Was haben Polizisten und Hundertmarkscheine gemeinsam?
Wenn man sie braucht, sind sie nicht da.

Was ist das: Es hängt an der Wand, ist grün und bellt?
Ein Hund in einem grünen Rucksack.

Was ist ein Bumerang, der nicht mehr zurückkommt?
Ein Stück Holz.

Wie bekommt man einen Elefanten in den Kühlschrank?
Tür auf, Elefant rein, Tür zu.

Worauf ist besonders zu achten, wenn man ein Nilpferd in eine Streichholzschachtel sperren will?
Man muß vorher die Streichhölzer aus der Schachtel herausnehmen.

Was war der höchste Berg der Welt, bevor man den Mount Everest entdeckt hat?
Der Mount Everest. Denn natürlich war er auch schon vor seiner Entdeckung der höchste Berg der Welt.

Warum ist das Akkordeon das älteste Musikinstrument?
Weil es die meisten Falten hat.

Wer reist um die ganze Welt, bleibt aber dennoch immer in der Ecke?
Die Briefmarke.

Was haben die Zahlen 14, 25, 137, 205 und 334 gemeinsam?
Das sind alles Zimmernummern vom Hotel Imperial.

Warum sind die Polizisten von Doofhausen mit einer Schere bewaffnet?
Damit sie Verbrechern den Fluchtweg abschneiden können.

Warum müssen die Menschen von Doofhausen so lange auf ihre Filme warten?
Weil sie die Filme immer in Entwicklungsländer schicken.

Warum wollte Herr Doofmann seine Krawatte umtauschen?
Weil sie ihm zu eng war.

Warum spielen die Doofhausener Musikanten lieber Klavier als Mundharmonika?
Weil man ein Klavier beim Spielen nicht verschlucken kann.

Großer Preis von Doofhausen. Welcher Gewinn winkt dem glücklichen Sieger?
Er bekommt eine Million Jahre lang jährlich hundert Mark.

Was macht Herr Doofmann nach dem Duschen?
Er trocknet seine Kleidung.

Was machen die Doofhausener Bauern, damit ihre Pflaumen schön blau werden?
Sie würgen die Pflaumenbäume.

Was denkt sich der Kannibale, wenn er im Radio von einem Menschenauflauf hört?
„Lecker, lecker!“

Was ist besser, als unheimlich dumm zu sein?
Heimlich schlau zu sein.

„Wie komme ich am schnellsten zum Postamt?“ fragt ein Fremder einen Einheimischen.
„Blöde Frage“, antwortet der Mann. „Rennen Sie, so schnell Sie können!“

Warum kann man Mäuse nicht melken?
Weil man keinen Eimer drunter stellen kann!

Karl-Otto betritt den Musikladen und fragt den Verkäufer: „Hast du Platten?“

„Natürlich!“
„Mußt du halt aufpumpen!“

Frau Pampe schleppt eine Riesenpackung Klopapier nach Hause. Auf dem Heimweg begegnet sie Frau Brösel.
„Haben Sie soviel Klopapier eingekauft?“ fragt Frau Brösel erstaunt.
„Ach, woher“, sagt Frau Pampe, „ich hab’s von der Reinigung geholt!“

Friseur: „Und wie wollen Sie das Haar?“
Kunde: „Blöde Frage. Ab.“

Was machte Noah nach Sonnenuntergang?
Er drehte das Flutlicht auf.

Was sieht man den ganzen Tag lang die Straße entlanglaufen?
Den Bürgersteig.

Was ist klein und macht: „Mmus, mmus“?
Eine Biene im Rückwärtsgang.

Warum schlägt der Blitz niemals auf derselben Stelle ein?
Weil die Stelle, wo er einmal eingeschlagen hat, nicht mehr dieselbe ist.

Wie wird ein Leuchtturmwärter mit sieben Kindern genannt?
Papi.

Was hat Tausende von Löchern und hält das Wasser trotzdem?
Ein Schwamm.

Warum tragen die Leute bei Regen ihren Schirm?
Weil er sonst runterfällt.

Stimmt es, daß große Leute fauler sind als kleine Leute?
Ja. Große Leute sind nämlich länger im Bett.

Was machen die Japaner mit ihren Bananenschalen?
Sie werfen sie weg.

Was ist groß, hat vier Beine und sieht auf beiden Seiten gleich schlecht?
Ein Pferd mit geschlossenen Augen.

Was macht: „Neunhundertachtundneunzig, neunhundertneunundneunzig, tock.“?
Ein Tausendfüßler mit Holzbein.

Was sagt ein Tausendfüßler zum anderen, wenn eine Tausendfüßlerin vorbeigeht?
Guck mal, diese Beine, Beine, Beine, Beine, Beine, Beine, Beine, Beine, Beine ...

Was machten die beiden Elefanten, als sie ins große Loch fielen?
Bumm, bumm.

Weshalb gehen wir zu Bett?
Weil das Bett nicht zu uns geht.

Was ist schwarz, wenn es sauber ist, und weiß, wenn es schmutzig ist?
Eine Schultafel.

Welcher Mann trägt den größten Hut der Welt?
Der Mann mit dem größten Hut der Welt.

Was macht eine Giraffe bei Regen?
Sie wird naß.

Susis saure Sauce schmeckt sehr salzig – wieviel „s“ hat das?
„Das“ hat ein „s“.

Was kann man jemandem geben und trotzdem halten?
Ein Versprechen.

Was ist dick, gelb und kann keine Witze erzählen?
Senf.

Was dringt durchs ganze Haus, ohne eine Wand zu berühren?
Die Stimme.

Warum fliegen die Vögel im Herbst in den Süden?
Weil es zu Fuß zu weit ist.

Was bekam der Mann, der den Kalender stahl?
Zwölf Monate.

Woran merkt man, daß ein Elefant unter dem Bett liegt?
Wenn man im Bett liegt, stößt die Nase an die Zimmerdecke.

Wann ist es am billigsten, die Tante in Amerika anzurufen?
Wenn sie nicht zu Hause ist.

Warum haben Elefanten so kurze Schwänze?
Damit sie sie nicht in der Fahrstuhltür einklemmen.

Was ist am besten für einen Nägelbeißer?
Scharfe Zähne.

Es regnet in Strömen. Drei Männer stehen unter einem normal großen Regenschirm, und kein einziger wird naß. Wie schaffen sie das?
Sie bleiben im Hausflur.

Was singt Tarzan zu Weihnachten?
Dschungel bells, dschungel bells, dschungel all the way.

Warum sehen Pilze aus wie Regenschirme?
Weil sie nur in feuchten Gebieten vorkommen.

Wie hieß der Junge, der nach Vati benannt wurde?
Vati.

Was sagte Christoph Kolumbus, bevor er mit seinen Schiffen in See stach?
Alle Mann an Bord?

Warum leben manche Elefanten im Zoo?
Weil's billiger ist, als eine Wohnung zu mieten.

Warum machte das Restaurant auf dem Mond so schnell pleite?
Es hatte einfach nicht genug Atmosphäre.

Was bekommt man, wenn man eine Hyäne mit einem Papagei kreuzt?
Jemanden, der über seine eigenen Witze lacht.

Weshalb haben Enten diese Häute zwischen den Beinen?
Damit sie Waldbrände besser austreten können.

Was ist grün, haarig und fährt auf und ab?
Eine Stachelbeere im Lift.

Warum flog Aschenputtel aus dem Basketballteam?
Sie lief dauernd vom Ball weg.

Wo wurde Karl der Große zum Kaiser gekrönt?
Auf dem Kopf.

Wie machen die Motorräder in Buxtehude?
Brrrrm ... brrrrm ... brrrrm

Wie kann man einen Hund davon abhalten, im Garten zu bellen?
Man bringt ihn ins Haus.

Was läuft immer rund um den Baumstamm und kann doch niemals hinein?
Die Rinde.

Es war einmal ein Esel, der lebte auf einer Wiese am Ufer eines Flusses. Eines Tages hatte er alles saftige grüne Gras ratzekahl abgefressen. Es gab weiter nichts als Disteln, Disteln, Disteln. Auf dem Feld am anderen Flußufer aber wuchsen prächtige Möhren. Dem Esel lief das Wasser im Maul zusammen. Er wollte sie unbedingt haben. Leider konnte er nicht schwimmen. Brücke gab es keine, und Boot war auch keins da. Was machte da der Esel?
Er fraß die Disteln auf.

Was hatte der Dieb, nachdem er die Seife gestohlen hatte?
Ein reines Gewissen.

Warum summt die Biene?
Weil sie den Text nicht kennt.

Wo stand Oma, als die Lichter ausgingen?
Im Finstern.

Was sagte der große Schornstein zum kleinen Schornstein?
Zum Rauchen bist du noch viel zu jung.

Kennst du [illegible] z vom leeren Schloß?
War nicht [illegible]

Wie erkennt man, auf den ersten Blick, wie alt Frankensteins Monster ist?
Ganz einfach. Man zählt die Ringe unter den Augen.

Was bekommt man, wenn man einen Tiger mit einer Hyäne kreuzt?
Ich weiß auch nicht. Aber wenn der lacht, traut sich keiner, nicht mitzulachen.

Warum hat der Vogel Strauß einen so langen Hals?
Weil der Kopf so weit vom Boden entfernt ist.

Was macht eine Schildkröte auf der Autobahn?
Ungefähr dreißig Meter pro Stunde.

Was machen Geizhälse, wenn es sehr kalt ist?
Sie setzen sich rund um eine Kerze.
Und was machen Geizhälse, wenn es ganz furchtbar kalt ist?
Dann zünden sie die Kerze an.

Wie tief in den Wald kann ein Hund einen Hasen jagen?
Bis in die Mitte. Dann jagt er ihn wieder heraus.

Kennst du den Witz vom schmutzigen Fenster?
Oder blickst du wieder mal nicht durch?

Was bekommt man, wenn man einen Elefanten mit einem Känguruh kreuzt?
Viele tiefe Löcher in ganz Australien.

Wo tanzen die Schneemänner?
Auf dem Schneeball.

Was ist das? Es ist grün, wächst im Freien und hat fünfzigtausend Beine?
Gras. (Das mit den Beinen stimmt nicht ganz.)

Was muß man machen, damit ein Elefant nicht mehr riecht?
Man macht einen Knopf in seinen Rüssel.

Woran erkennt man, auf welcher Seite eines Wurms der Kopf sitzt.
Man kitzelt ihn in der Mitte. Wo er kichert, da ist der Kopf.

Warum ist ein Krokodil lang, grün und groß?
Wenn es rund, weiß und klein wäre, dann wäre es eine Pille.

Was sagte Tarzan, als die Elefanten den Berg hinunterstürmten?
Er sagte: „Die Elefanten stürmen den Berg hinunter.“

Was ist grau, hat vier Beine und wiegt über eine Tonne?
Eine wirklich sehr dicke Maus.

Warum sind Elefanten so runzlig?
Weil sie so schwer zu bügeln sind.

Wie melkt man einen Igel?
Ganz vorsichtig!

Was passiert, wenn man ein Baby mit Elefantenmilch aufzieht?
Kommt drauf an. Wenn's ein Elefantenbaby ist, wird es ein großer Elefant.

Welche Frage kann man nie mit ‚Ja' beantworten – auch wenn ‚Ja' die richtige Antwort wäre?
„Schläfst du schon?"

Was sagte Tarzan, als sich die Elefanten dunkle Sonnenbrillen aufsetzten und den Hügel runterstürmten?
Er sagte gar nichts. Er erkannte sie nicht wieder.

Was tritt einmal pro Tag, einmal pro Monat und einmal pro Jahr auf?
Der Buchstabe „a".

Warum schläft der Schlafwandler in der Garage?
Damit er nicht dauernd zu Fuß gehen muß.

Was hat vier Beine und kann trotzdem nicht laufen?
Zwei Hosen.

Was ist der Unterschied zwischen der Elektrizität in einem Blitz und der Elektrizität in einer Glühbirne?
Die Elektrizität im Blitz kostet nichts.

Heiner: „Warum läuft das Huhn vor dem Auto über die Straße?“
Holger: „Weiß nicht.“
Heiner: „Um auf der anderen Seite in den Bus zu steigen. – Bist du mitgekommen?“
Holger: „Nein.“
Heiner: „Macht nichts. Das Huhn auch nicht.“

Warum hörte die Orange auf zu rollen?
Weil ihr der Saft ausgegangen war.

Was ist gelb und äußerst gefährlich?
Haifischverseuchter Senf.

So ein Pech

Familie Schmid sitzt beim Mittagessen. Klein Anton meldet sich schon wieder zu Wort: „Du, Papi!“
„Ruhe“, brüllt dieser ihn an, „wie oft hab’ ich dir jetzt schon gesagt, daß du beim Essen nicht reden sollst!“
Nach dieser unsanften Belehrung gibt Anton keine Silbe mehr von sich. Stumm wie ein Fisch guckt er zu.
Nach dem Essen wendet sich der Vater zum Junior: „So, mein Kleiner, jetzt kannst du wieder reden.“
„Jetzt ist es leider schon zu spät“, antwortet Klein Anton, „jetzt hast du den Wurm im Salat schon gegessen.“

Herr Mieselheimer hat keine Arbeit. Und er will sich auch keine suchen. Statt dessen hockt er daheim vor dem Fernseher und trinkt ein Bier nach dem anderen. Schließlich wird es Frau Mieselheimer zu bunt.
„Meine Mutter zahlt uns die Miete“, schimpft sie, „meine Tante schickt uns dauernd was zu essen, und meine Schwestern zahlen die Kreditraten. So kann es nun wirklich nicht weitergehen!“
„Finde ich auch“, meint Herr Mieselheimer und nimmt einen tüchtigen Schluck. „Deine Brüder könnten auch mal was springen lassen!“

Ein aufgeregter Mann betritt die Polizeiwache. „Man hat mir meine Perücke gestohlen!“ ruft er voller Aufregung.
„Wir werden unser Bestes tun“, verspricht der Beamte, „und die ganze Gegend durchkämmen!“

Brösel geht wie jeden Tag morgens ins Büro. Normalerweise ist er ein wirklich harmloser Bursche. Doch heute führt er sich furchtbar auf. Ohne anzuklopfen, geht er ins Vorzimmer des Direktors. Er stänkert die Sekretärin an. Weiter stürmt er ins Büro des Direktors. Er verpaßt ihm eine Ohrfeige, nennt ihn einen Vollidioten und kippt ihm schließlich noch den Papierkorb über den Kopf.
Da stürzt ein aufgeregter Kollege ins Zimmer und flüstert Brösel aufgeregt zu: „So hör doch um Himmels willen mit dem Unsinn auf. Die Meldung, daß du im Lotto gewonnen hast, die war doch nur so ein Spaß!“

Hubsinger ist Angler und außerdem ein furchtbarer Angeber. Diesmal erzählt er einem Anglerfreund folgendes Schauermärchen: „Eines Tages hat mich ein riesiger Fisch ins Meer gezogen. Das Wasser war eiskalt, und der Fisch zog mich ganz tief hinunter.“
„Und wie sind Sie da wieder herausgekommen?“ erkundigt sich der Freund.

„Gar nicht“, erklärt Hubsinger mit ernster Stimme, „ich bin ertrunken.“

Heiner und Holger überbieten sich wieder einmal beim Aufschneiden. „Ich habe einen Fisch gefangen, der war drei Meter lang“, erklärt Heiner, ohne mit der Wimper zu zucken.
„Ach, das ist ja gar nichts“, meint darauf Holger, „ich habe ein Fahrrad aus dem See gefischt, da brannte sogar noch das Licht!“
„Aber das gibt's doch gar nicht“, sagt Heiner.
„Na gut“, meint darauf Holger. „Mach du deinen Fisch etwas kürzer, und dafür drehe ich das Licht ab.“

Auf der Antiquitätenmesse. Zwei Aussteller unterhalten sich. Sagt der eine: „Wie geht's denn deiner Großmutter?“
„Die ist gestorben.“
„Was hatte sie denn?“
„Einen Barockstuhl, einen Biedermeiertisch und eine gotische Kommode.“

Heiner sieht ganz elend aus. „Ja, was ist denn heute mit dir los?“ fragt ihn Holger.
„Ich habe gerade ein furchtbar trauriges Buch gelesen“, erzählt Heiner niedergeschlagen.
„Was war denn das für ein Buch?“ fragt Holger.
„Mein Sparbuch.“

Der erfolglose Schriftsteller hat schon so manche Absage von Verlagen verdauen müssen. Diese Absage aber hat ihn wirklich mitgenommen. Der Verlag hat geschrieben: „Ihre Texte waren derart miserabel, daß wir sie umschreiben mußten, bevor wir sie in den Papierkorb werfen konnten.“

Es ist Winter. Herr Pflümli geht am See spazieren. Alles ist weiß, und der See ist zugefroren. Da sieht er, wie ziemlich weit draußen ein Mann in einem Eisloch verschwindet. Dann schaut der Kopf des Mannes wieder aus dem Wasser.
„Sind Sie etwa eingebrochen?“ ruft Herr Pflümli.
„Nein“, schreit der Mann zurück, „der Winter hat mich beim Schwimmen überrascht!“

Eine ältere Dame, aufgedonnert und voll mit Schmuck behangen, betritt die Kirche und stolziert in den Beichtstuhl. Dort beichtet sie ihre Sünden:
„Hochwürden“, seufzt sie, „ich denke immer nur daran, wie schön ich doch bin. Ist das eine schwere Sünde?“
„Das ist keine Sünde“, sagt der Pfarrer. „Das ist ein Irrtum.“

Zwei Fallschirmspringer springen aus großer Höhe aus dem Flugzeug. Eine halbe Minute lang

fallen sie frei. Dann wollen sie die Fallschirme öffnen. Doch, o Schreck, einer der Fallschirme will einfach nicht aufgehen. Verzweifelt zerrt der Springer an der Schnur.
„Mach dir nichts daraus“, ruft ihm sein Kollege zu, „es ist ja nur ein Übungsspringen!“

Der berühmte Filmschauspieler steigt im Hotel Imperial ab – und ausgerechnet da passiert es. Feuer bricht aus, und bald steht das Hotel in Flammen. Am Fenster im siebten Stock steht der Filmstar. Die Feuerwehrleute spannen das Sprungtuch und rufen ihm zu: „So springen Sie doch endlich!“
„Ich denke nicht daran!“ schimpft der Star. „Holen Sie sofort meinen Stuntman!“

Das Filmteam ist mit den Nerven fertig. Schuld daran ist die arrogante Hauptdarstellerin, die an allem was auszusetzen hat. Heute steht eine Szene in einem Schwimmbad auf dem Programm. Der Star klettert den Zehnmeterturm hoch – und tritt plötzlich zurück.
„Warum springen Sie denn nicht?“ fragt der Regisseur.
„Da ist ja kein Wasser im Becken!“ ruft der Star entsetzt.
„Stimmt“, sagt der Regisseur. „Wir wollten sichergehen, daß Sie nicht ertrinken!“

Poldinger hat eine eigene Firma aufgemacht. Leider laufen die Geschäfte furchtbar schlecht. Es dauert drei Monate, bis jemand den Laden betritt. Poldinger ist aus dem Häuschen und will den Eindruck erwecken, alle Hände voll zu tun zu haben. Er hebt den Telefonhörer ab und redet und redet. Der Mann im Laden will unterbrechen, doch Poldinger winkt ab und redet weiter. Endlich legt Poldinger den Hörer auf.
„Tut mir leid", sagt er, „immer dieser Streß. Womit kann ich dienen?"
„Ich komme von der Telekom", sagt der Mann. „Ich wollte nur Ihr Telefon anschließen!"

Herr Brösel ist verzweifelt. Er hat seine Aktentasche verloren. Jetzt denkt er drüber nach, wo er den Tag über gewesen war und wo er sie hätte stehenlassen können.
Da läutet das Telefon. Frau Brösel geht ran. „Das ist das Fundamt", ruft sie Brösel zu. „Deine Tasche ist dort. Du kannst sie jederzeit abholen!"
Brösel kratzt sich verwundert am Kopf. „Merkwürdig", sagt er. „Dabei kann ich mich gar nicht erinnern, daß ich auf dem Fundamt war!"

„Im Vergleich zu einem Krimi ist ein Fußballspiel todlangweilig", behauptet Paul.
„Wie kommst du denn darauf?" will Heiner wissen.

„Ist doch klar“, sagt Paul. „Beim Fußball weiß man immer gleich, wer geschossen hat!“

Frau Pimpfl feiert ihren 90. Geburtstag. Der Bürgermeister gratuliert ihr persönlich. „Ich hoffe“, sagt er, „daß ich Ihnen auch noch zum 100. Geburtstag gratulieren kann!“
„Aber warum denn nicht“, meint Frau Pimpfl, „Sie sehen mir doch noch ganz rüstig aus!“

Das Antiquitätengeschäft hat etwas ganz Besonderes zu bieten: Den original Totenschädel von Mozart. Ein Kunde interessiert sich sehr für diese Rarität. Doch als er sich noch weiter im Laden umsieht, entdeckt er einen zweiten, kleineren Schädel, auf dem ebenfalls „Mozart“ steht.
„Das ist ja Betrug!“ ruft der Kunde.
„Keineswegs“, sagt der Verkäufer. „Das dort drüben ist Mozarts Schädel, als er noch ein Kind war!“

Der Direktor eines großen Kaufhauses läßt einen Verkäufer zu sich kommen: „Ich habe hier eine Beschwerde von einem Kunden, mit dem Sie gestritten haben. So etwas möchte ich nie wieder hören. Bei uns hat immer der Kunde recht! Haben Sie das verstanden?“
„Verstanden“, sagt der Verkäufer und will das Büro verlassen. Da ruft der Direktor ihm nach:

„Ach, sagen Sie mir doch, um was ist es bei diesem Streit eigentlich gegangen?"
„Er hat behauptet: ‚Der Direktor dieses Kaufhauses ist ein geiziger Vollidiot!'"

Nach der Gemäldeausstellung. Ein Besucher sagt zu einem der ausstellenden Künstler: „Also wirklich, Ihre Bilder waren die einzigen, die man sich überhaupt ansehen konnte ..."
„Oh, vielen Dank", erwidert der Maler. „Aber ich glaube nicht, daß man das so sagen kann."
„Doch, doch", meint der Besucher. „Vor den anderen Bildern standen ja immer so viele Leute!"

Herr Huber ärgert sich furchtbar. Er hat sich ein neues Lexikon gekauft und ist damit überhaupt nicht zufrieden. Er schreibt dem Verlag daraufhin einen geharnischten Beschwerdebrief: „Jetzt habe ich mir Ihr sauteures Lexikon gekauft, und da steht nicht einmal das Wort Hübnose drin!"

Im Treppenhaus trifft Frau Pampe die neue junge Mieterin von nebenan. „Könnten Sie uns heute vielleicht einmal Ihre tollen Lautsprecherboxen borgen?"
„Aber klar doch! Wollen Sie denn heute nacht mal richtig schön feiern?"
„Nein, nein", meint Frau Pampe. „Heute nacht wollten wir mal richtig schön schlafen!"

Man merkt, daß der Frühling kommt!" sagt Frau Bolle. „Der Nachbar hat die Schneeschippe zurückgebracht und den Rasenmäher ausgeborgt!"

Der Pfarrer ertappt seine Haushälterin, wie sie im Klingelbeutel wühlt.
„Um Himmels willen, was machen Sie denn da!" ruft er entsetzt.
„Beruhigen Sie sich, Herr Pfarrer!" sagt die Haushälterin. „Ich suche nur einen passenden Knopf für Ihre Jacke!"

Ein Mechaniker kommt im Himmel an. Dort beschwert er sich, daß er schon so bald sterben mußte.
„Ich war doch erst 35 Jahre alt!" klagt er.
„Kann ich mir nicht vorstellen", brummt Petrus. „Nach den Arbeitsstunden, die du den Kunden berechnet hast, bist du schon mindestens 70!"

Der Pfarrer repariert den Zaun des Pfarrgartens, und der kleine Toni schaut zu. Da schlägt sich der Pfarrer plötzlich ganz fürchterlich auf den Finger. Der Pfarrer holt tief Luft, gibt aber keinen Ton von sich. Sagt Toni mitfühlend: „Jetzt müßte man halt fluchen dürfen, nicht wahr, Herr Pfarrer!"

Frau Pampe hat sich in der Boutique eine todschicke Wolljacke gekauft. Als sie zu Hause das gute Stück näher betrachtet, ist sie entsetzt. Auf dem Etikett steht deutlich: „Polyester."
Wutentbrannt stürmt Frau Pampe in den Laden zurück und stellt die Verkäuferin zur Rede: „Können Sie mir erklären, wieso Polyester auf einer Jacke aus reiner Wolle steht?" schreit Frau Pampe.
„Beruhigen Sie sich", sagt die Verkäuferin. „Das haben wir nur draufgeschrieben, um die Motten zu täuschen!"

Die Putzfrau klopft beim Bankdirektor an.
„Ich brauche endlich einen Schlüssel für den Tresorraum", sagt sie.
„Aber wozu denn das?" fragt der Bankdirektor beunruhigt.
„Weil ich keine Lust mehr habe", sagt die Putzfrau, „beim Aufsperren meine guten Haarspangen zu verbiegen."

Seppl und Bertl gehen in ein vornehmes Restaurant. Der Kellner empfiehlt Kaviar. „Was ist das?" erkundigt sich Seppl.
„Das sind Eier von Fischen", erklärt der Kellner.
„Gut", meint Bertl, „dann hauen Sie uns mal ein paar in die Pfanne!"

Im Wirtshaus. Herr Vogel wartet auf sein Essen und wischt das Besteck mit dem Tischtuch ab. „Hören Sie, das ist eine Beleidigung“, schimpft der Kellner. „Erstens ist unser Besteck sauber. Und zweitens machen Sie mit Ihrer Wischerei das Tischtuch schmutzig!“

Großer Wahlkampf in Bollerstedt. Heute abend soll der Abgeordnete Hinterhuber auf dem Marktplatz zu den Bürgern sprechen.
Am Nachmittag kommt ein Mann in den Laden auf dem Marktplatz und kauft sämtliche Eier und Tomaten auf. „Ah“, meint der Verkäufer grinsend, „Sie möchten heute wohl den Abgeordneten Hinterhuber sehen!“
„Wie man’s nimmt“, sagt der Mann. „Ich bin der Abgeordnete Hinterhuber.“

Herr Dussel ist ein Mitarbeiter, den alle mögen. Nur ein Problem hat er: Er braucht viel Schlaf. Sehr viel Schlaf. Und deshalb kommt er auch dauernd zu spät zur Arbeit. So kann das nicht weitergehen. Herr Dussel geht zum Arzt, der ihm Tabletten verschreibt.
Und tatsächlich: Dussel wacht auf, noch bevor der Wecker läutet. Gut gelaunt geht er ins Büro. Auf der Treppe trifft er seinen Chef.
„Keine Probleme mit dem Aufstehen mehr, alles in Ordnung!“ sagt Dussel stolz.

„Super“, sagt der Chef, „und wo waren Sie gestern?“

Herr Brösel erzählt: „Bei uns ist gestern der Strom ausgefallen. Zum Glück haben wir eine Petroleumlampe, und deshalb wurde es trotzdem noch ein recht vergnügter Abend.“
„Komisch“, sagt Herr Pampe, „euer Fernseher läuft mit Petroleum?“

Im Büro geht es wieder einmal drunter und drüber. Sachbearbeiter Fink wählt eine Nummer. Es meldet sich ein falscher Teilnehmer. „Tut mir leid“, entschuldigt sich Herr Fink. Beim zweiten Anlauf verwählt er sich wieder und trifft noch einmal auf den gleichen Teilnehmer.
„Sie Idiot, passen Sie gefälligst besser auf beim Telefonieren!“ ruft nun die Stimme.
„Selber Trottel!“ schreit Herr Fink in den Hörer.
„Wissen Sie eigentlich, mit wem Sie verbunden sind?“ fragt die Stimme am anderen Ende der Leitung gefährlich ruhig.
„Nein“, sagt Fink.
„Ich bin der Direktor!“ erklärt die Stimme.
„Und wissen Sie eigentlich, wer ich bin?“ fragt Fink.
„Nein.“
„Zum Glück!“ sagt Herr Fink und legt auf.

Der Chef hat eine neue Sekretärin. „Und was steht diese Woche auf dem Terminkalender?" will der Chef am Montag morgen wissen.
„Einen Moment", sagt sie. „Also: Montag, Dienstag, Mittwoch ..."

In der Theaterpause strömen die Brösels zum Buffet und unterhalten sich über das neue Stück. „Die Hauptdarstellerin ist ja wirklich grauenhaft, finden Sie nicht?" meint Frau Brösel zu ihrem Nachbarn.
„Also, das ist meine Frau."
„Verzeihen Sie", sagt Herr Brösel, „meine Frau hat das nicht so gemeint. Aber gegen so ein furchtbares Stück kämpft auch die beste Schauspielerin vergebens an!"
„Das Stück habe ich geschrieben."

Wahrsagerin zum Kunden: „Ich habe gute Nachrichten: Sie werden sich in diesem Sommer herrlich ausruhen können, niemand wird Sie stören, Sie werden ganz allein sein, alles um Sie wird ganz still sein!"
„Grauenhaft!" ruft der Kunde und springt vom Sessel. „Ich bin Hotelbesitzer!"

„Mit deiner dauernden Zerstreutheit hast du mich jetzt auch schon angesteckt!" sagt die Frau des Professors.

„So, so“, murmelt der Professor, „wie denn das?“
„Ich bin fortgegangen, um dir ein Hemd zu besorgen, und dann hab’ ich mir versehentlich eine Handtasche gekauft!“

„Kennen wir uns nicht?“ begrüßt der Professor den Studenten.
„Ja“, meint der Student nervös, „ich wiederhole die Prüfung, deshalb kennen Sie mich.“
„Also gut“, sagt der Professor, „welche Frage habe ich denn beim letzten Mal als erstes gestellt?“
„Kennen wir uns nicht?“

Herr Sauer und Herr Berger treffen sich beim Spazierengehen. „Und wie geht es Ihnen so mit dem Hausbauen?“ fragt Herr Sauer.
„Ach ja, danke, ganz gut“, erwidert Herr Berger, „letzte Woche haben wir die Fliesen verlegt.“
„Na, hoffentlich finden Sie sie bald wieder!“

Ein Mann hat es sehr eilig und fragt einen Passanten: „Bitte, wo geht’s hier zum Theater?“
„Geradeaus“, sagt der Passant.
„Verdammt!“ flucht da der Mann. „Einmal will ich ins Theater gehen, und dann ist die Vorstellung gerade aus!“

Im Büro. Der Neue hat seinen ersten Arbeitstag. Sagt der Chef: „Nehmen Sie mal den Besen dort in der Ecke, und fegen Sie das Treppenhaus!"
„Moment mal", entrüstet sich der Angestellte, „ich habe studiert!"
„Ach so", sagt der Chef, „dann gehen Sie zuerst zur Putzfrau und lassen sich zeigen, wie so ein Ding funktioniert!"

Im Uhrengeschäft. Ein Mann kommt herein und beschimpft den Verkäufer: „Vor zwei Wochen habe ich bei Ihnen diese Uhr hier gekauft. Sie haben gesagt, daß sie bis an mein Lebensende gehen wird. Ohne Aufziehen, ohne Batteriewechsel. Und was ist jetzt. Nach nur zwei Wochen bleibt die Uhr stehen!"
„Tut mir leid", sagt der Verkäufer, „aber vor zwei Wochen haben Sie auch ziemlich krank ausgesehen."

Herr Vogel geht auf die Bank und hebt dort 500 000 Mark in bar ab. Der Kassierer bittet ihn, das Geld gleich nachzuzählen. Herr Vogel folgt diesem Rat und setzt sich in eine Ecke. Dort beginnt er die Tausender laut zu zählen. Eintausend, zweitausend, dreitausend ... Doch bei dreihundertundvierzigtausend hört er plötzlich auf und schiebt die Geldscheine in seine Aktentasche.

„Was ist denn los“, fragt der Kassierer, „warum zählen Sie nicht weiter?“
„Ach wissen Sie“, meint Herr Vogel, „wenn es bis hierher gestimmt hat, dann wird es auch weiter stimmen!“

Jörg geht zum ersten Mal ins Kino. Er kauft sich an der Kasse eine Karte und geht in den Saal. Gleich darauf kommt er wieder heraus und kauft sich wieder eine Karte. Und schon steht er wieder bei der Kasse an. So geht das eine ganze Weile. Schließlich fragt ihn die Kassiererin: „Ja, sagen Sie mal, warum kaufen Sie sich denn andauernd eine neue Kinokarte?“
„Gute Frage!“ meint Jörg giftig. „Jedesmal, wenn ich in den Saal hineingehe, steht da so ein Typ und zerreißt mir meine Karte!“

Beim Eheberater. „Mein Mann behauptet dauernd, ich sei eine Uhr!“ beklagt sich die Ehefrau. „Ach, was, der will Sie doch nur aufziehen!“ beruhigt da der Doktor.

Großes Knödelwettessen in Doofhausen. Das Ereignis des Jahres! Es geht um das Entscheidungsfressen zwischen Sepp und Hias. Alle anderen Kandidaten für den Preis sind bereits in den vorhergehenden Wettkämpfen ausgeschieden.
Jetzt dauert das Wettessen schon einige Stunden.

Der Sepp fällt immer weiter hinter seinen Herausforderer zurück. Der Hias verdrückt jetzt schon den 67. Knödel, während der Sepp noch immer an seinem 40. herumkaut. „Ja was ist denn heute mit dir los, Sepp?“ fragt ihn sein Freund Lois verzweifelt.
„Ich weiß auch nicht“, meint der Sepp. „Heut' vormittag beim Training hab' ich noch 60 Knödel gepackt!“

Zwei Arbeitskollegen unterhalten sich. Beschwert sich der eine: „Hat mich doch der Alfred nicht glatt neulich einen alten Trottel genannt!“
„Das ist wirklich eine Unverschämtheit“, sagt der andere, „dabei siehst du noch so jung aus!“

Bei Gericht. Diesmal hat Ede Glück: Er darf zwischen einer Gefängnisstrafe und einer Geldbuße wählen.
„Also, Ede“, sagt der Richter, „entscheiden Sie sich: sechs Wochen Gefängnis oder dreitausend Mark?“
„Keine Frage“, ruft Ede begeistert, „ich nehm' die dreitausend Mark!“

„Gestatten, daß ich mich vorstelle. Mein Name ist Kurz.“
„Sehr erfreut. Mein Name ist auch kurz. Ich heiße Lang!“

Der Chef ruft den neuen Angestellten zu sich.
„Sie sind entlassen!“
„Aber wieso denn, ich hab’ doch überhaupt nichts getan!“
„Eben!“

Rainer Hohn bewirbt sich um den Job. Heute hat er beim Direktor der Firma einen Vorstellungstermin. Der Direktor bittet ihn, Platz zu nehmen. „Wie heißen Sie bitte?“
„Mein Name ist Rainer Hohn.“
„Also, kommen Sie“, sagt der Direktor, „so schlimm wird Ihr Name doch auch wieder nicht sein!“

Heiner: „Wie viele Leute arbeiten eigentlich in deiner Firma?“
Holger: „Höchstens die Hälfte!“

Der Nachtwächter der Firma Pimpelmoser hat gekündigt, und jetzt wird ein Nachfolger gesucht. Der Chef läßt eine Anzeige in der Zeitung schalten: „Firma Pimpelmoser sucht ab sofort neuen Nachtwächter.“
„Und, hat die Anzeige gewirkt?“ fragt Frau Pimpelmoser am nächsten Tag.
„Und wie“, sagt Herr Pimpelmoser sauer, „gleich in der nächsten Nacht wurde eingebrochen!“

Der Ministerpräsident besucht die Firma Pimpelmoser. Er läßt sich alles erklären und geht von Halle zu Halle. Interessiert beugt er sich über eine Werkbank.
„Wie lange arbeiten Sie hier schon?“ fragt der Ministerpräsident.
„Weiß nicht“, meint der Arbeiter, „als ich Sie kommen hörte, habe ich angefangen!“

Lena: „Willst du morgen zu meiner Geburtstagsparty kommen?“
Thomas: „Aber gerne!“
Lena: „Ich wohne in der Münchner Straße Nummer 7 im dritten Stock. Du kannst die Klingel mit dem Ellenbogen drücken.“
Thomas: „Warum mit dem Ellenbogen?“
Lena: „Damit dir die Geschenke nicht runterfallen.“

Heiner berichtet seinem Freund Holger: „Stell dir vor, was ich gemacht habe. Am 13. bin ich um 13 Uhr auf den Rennplatz gegangen und habe auf das Pferd Nummer 13 gesetzt!“
„Und, hast du gewonnen?“ will der Freund wissen.
„Ach, nein, der blöde Gaul wurde Dreizehnter!“

Vater und Tochter besuchen das Museum in der Stadt. Als sie vor einer Statue ohne Arme stehen,

fragt die Tochter erstaunt: „Warum hat die Frau da denn keine Hände?“
„Siehst du“, antwortet der Vater streng, „so geht es einem am Ende, wenn man dauernd an den Nägeln kaut!“

Heiner: „Ein Freund von mir hat unglaubliches Pech gehabt. Er ist Archäologe und hat gegraben und gegraben, bis er endlich auf eine alte Römerstraße stieß.“
Holger: „Und dann?“
Heiner: „Dann wurde er von einem Streitwagen überfahren.“

Krach bei Hömpels.
„Du hast mir gesagt“, zetert Frau Hömpel, „du würdest heute nachmittag deinen Zahnarzt besuchen. Und dann fahr’ ich mit dem Bus, und wen sehe ich zum Fußballstadion laufen? Dich und noch so einen kleinen, fetten Kumpel. Unverschämter Lügner!“
„Wieso Lügner?“ ruft Herr Hömpel. „Der kleine, fette Kumpel, das war der Zahnarzt.“

Herr Pimpelmoser muß eine Ansprache vor der Handelskammer halten und ist furchtbar aufgeregt. Immer wieder läuft er in die Toilette und übt seinen Vortrag vor dem Spiegel. Da hört er eine Stimme aus einer der Kabinen.

„Sie scheinen ja mächtig nervös zu sein!“
„Ich und nervös, haha!“ sagt Pimpelmoser.
„Na“, sagt die Stimme, „dann scheren Sie sich aus der Damentoilette.“

Seit vielen Jahren arbeitet Herr Hömpel als Milchmann. Aber in letzter Zeit sind die Verkäufe sehr zurückgegangen. Der Chef ruft ihn ins Büro.
„Hömpel“, sagt der Chef, „früher einmal haben Sie jeden Tag 2000 Kunden mit Milch beliefert.“
„Ja, Chef“, sagt Hömpel.
„Dann waren es nur mehr 1000. Letzte Woche waren es nur mehr 200. Zu Beginn dieser Woche haben Sie noch eine Flasche ausgeliefert, und heute haben Sie nicht einmal mehr diesen Kunden. Was sagen Sie dazu?“
„Sie haben leider recht“, sagt Hömpel, „gestern hatte ich Pech. Da habe ich meine Milchflasche verloren.“

Am Montag nahm sich der Herr Pastor frei und spazierte zum Golfplatz. Wie es der Zufall wollte, wartete dort auch schon sein alter Golferfreund Jupp. Der war zwar kein ganz so guter Golfer wie der Pastor, aber immerhin. Die beiden beschlossen, ein Spiel zu wagen. Leider hatte Jupp einen wirklich miserablen Tag. Nichts gelang ihm. Immer, wenn er einlochen wollte, rollte

der Ball haarscharf am Loch vorbei. Und jedesmal rief Jupp: „Verdammt. Daneben!"
Dem Pastor war das gar nicht recht. „Hör zu, Jupp", sagte er, „du sollst nicht fluchen. Du – sollst – nicht – fluchen!" Aber schon wieder hatte Jupp vorbeigetroffen. Und schon wieder sagte er: „Verdammt. Daneben!"
„Wenn du nicht mit dem Fluchen aufhörst", sagte der Pastor, „weißt du, was da passiert? Dann wird Gott einen Blitz zur Erde senden, und der Blitz wird dich zerschmettern!"
Jupp war beeindruckt. Beim nächsten Loch bemühte er sich sehr. Der Ball lag nur einen halben Meter vom Loch entfernt. Jupp guckte den Ball scharf an, putzte die Blätter vom Rasen, deutete den Schlag an und schob den Ball schließlich sanft in Richtung Loch. Doch der Ball rollte wieder knapp vorbei. „Verdammt! Daneben!" fluchte Jupp.
Da öffnete sich der Himmel. Donner rollten. Ein mächtiger Blitz schoß aus den Wolken und zuckte zur Erde herab und traf den Pastor.
Dann ertönte eine tiefe Stimme vom Himmel: „Verdammt! Daneben!"

Drei Schiffbrüchige retten sich auf eine einsame Insel und warten auf Rettung. Nach und nach gehen ihre Lebensmittelvorräte zu Ende. Am Schluß haben sie nur noch eine alte Semmel. Sie

beraten, wer die Semmel essen darf, und finden die Lösung: Wer in dieser Nacht den schönsten Traum hat, dem gehört das Brötchen. Die drei legen sich schlafen, und am nächsten Morgen erzählen sie einander ihre Träume.
Der erste sagt: „Also, ich hatte einen wirklich ungeheuer schönen Traum. Ich saß an einer reich gedeckten Tafel und konnte essen, was mein Herz begehrte. Kaum hatte ich einen Wunsch ausgesprochen, kam auch schon ein Diener und brachte mir die leckersten Sachen. Dazu gab es die hervorragendsten Weine. Und das schönste daran: Ich wurde einfach nicht satt. Ich konnte essen und essen – und mir schmeckte es immer mehr. Es war einfach traumhaft schön!"
Der zweite sagt: „Mein Traum war viel schöner. Ich fand eine alte Flasche, und als ich daran rieb, erschien ein mächtiger Geist und fragte nach meinen Wünschen. Zuerst wollte ich es nicht recht glauben und bat ihn um eine Tüte Pommes – schwups, da war sie schon. Und dann ging's los. Ich wünschte mir einen fliegenden Teppich, und mit dem flog ich um die ganze Welt. Ich sah Eisbären und Elefanten, flog über Vulkane und Meere. Es war einfach traumhaft schön!"
Der dritte Schiffbrüchige sagt: „Mein Traum war der allerschönste. Ich träumte davon, daß unsere Semmel zu schimmeln anfing. Da erwachte ich sofort und aß die Semmel auf."

Das Ehepaar Brösel liegt im Bett. Es ist Mitternacht. Aus dem Keller dringen unheimliche Geräusche. Es schabt, es schlurft, es knarrt und ächzt. Jetzt Schritte auf der Treppe. Tapp, tapp, tapp. Leises Stöhnen.
„Bist du wach, Egon?“ flüstert Frau Brösel.
„Aber wirklich nicht“, sagt Herr Brösel.

Ein Bettler klopft an der Tür. „Ich bin so hungrig“, jammert er.
„Würde es Ihnen was ausmachen“, sagt die Hausfrau, „wenn ich Ihnen altes Brot gebe?“
„Natürlich nicht!“
„Schön“, sagt die Hausfrau, „dann kommen Sie nächste Woche wieder.“

Der Reiseführer erklärt einer Gruppe von Touristen: „Diese Felsen hier um uns herum wurden vor langer Zeit von Gletschern aufgetürmt.“
„Und wo sind die Gletscher jetzt?“ fragt Frau Knall.
„Die sind zurückgegangen“, sagt der Reiseführer, „um neue Felsen zu holen.“

Herr Knall spaziert durch den Park. Auf einer Bank sitzt ein Mann und spielt Schach mit einem Dackel. Herr Knall traut seinen Augen nicht und tritt näher. Da nimmt der Dackel seine Dame, zieht sie quer übers Feld und macht: „Wuff.“

„Teufel noch mal!“ ruft der Mann. „Ich bin matt!“ Dann räumt er das Feld ab und stellt die Figuren neu auf.
„Entschuldigen Sie“, sagt Herr Knall, „ich bin etwas verwirrt. Ich wollte Sie fragen ...“
„Was denn“, sagt der Schachspieler ungeduldig.
„Ja nun“, sagt Herr Knall, „das ist sicherlich der gescheiteste Hund, den ich jemals gesehen habe.“
„Gescheit?“ ruft der Mann, „woher denn. Wenn ich nicht den Springer auf c8 übersehen hätte, dann hätte er schon wieder verloren!“

Zwei Eier stecken in einem Topf mit kochendem Wasser.
„Meine Güte, ist das heiß hier drinnen“, jammert das eine Ei.
„Das ist noch gar nichts“, sagt das andere Ei. „Warte, bis sie dich rausholen. Dann schlagen sie dir mit dem Löffel auf den Kopf.“

Ein Mann hält einen anderen auf der Straße auf. „Entschuldigen Sie, gibt es hier irgendwo ein Polizeirevier?“
„Nicht daß ich wüßte“, antwortet der andere.
„Und Polizist läuft auch keiner in der Nähe herum?“
„Ich habe keinen gesehen.“
„Prima“, sagt der erste Mann und zieht die Pistole. „Hände hoch, und raus mit der Kohle!“

Frau: „Sagen Sie, sind Sie vielleicht der Mann, der meinen kleinen Jungen aus dem Teich gezogen und vor dem Ertrinken gerettet hat?"
Mann: „Ja, der bin ich."
Frau: „Und wo ist die Mütze des Jungen?"

„Stell dir das mal vor", sagt Susi, „einen Logenplatz im Kino, einen Rieseneisbecher, eine große Tüte Popcorn – und das alles für eine Mark!"
„Toll", ruft Heidi, „und das alles hast du für eine Mark bekommen?"
„Natürlich nicht", sagt Susi, „aber stell dir das mal vor!"

Susi guckt aus dem Fenster. „Mama, da unten steht ein Mann und ringt verzweifelt die Hände", sagt sie.
„Das wundert mich gar nicht", sagt Frau Knall. „Unsere Klingel funktioniert nämlich nicht."

Karin hat sich verliebt. „Ich weiß, Gustav ist nicht mehr der Jüngste", vertraut sie ihrer Freundin an, „aber er hat Zähne, die sind wie Sterne."
„Kann ich mir gut vorstellen", sagt die Freundin, „in der Nacht kommen sie heraus."

Ursula: „Gestern bin ich in die Stadthalle gegangen zum David-Hasselhoff-Konzert."
Heidi: „Und, wie war's?"

Ursula: „Einfach schrecklich. Ich habe stundenlang geheult."
Heidi: „Versteh' ich nicht. Warum denn das?"
Ursula: „Ich habe keine Karte mehr bekommen."

Herr Pimpelmoser schläft immer mit offenem Mund. Bisher war das nie ein Problem, doch heute nacht schrickt er plötzlich auf.
„Hermine!" ruft er entsetzt. „Ich habe eben eine Maus verschluckt!"
„Ganz ruhig bleiben", sagt Frau Pimpelmoser. Sie steht auf, geht in die Küche und kommt mit einem Faden und einem Stück Käse zurück. „Da binden wir jetzt den Käse an die Nase", sagt sie, „und dann kommt die Maus wieder heraus."
„Wie du meinst", sagt Herr Pimpelmoser, läßt sich den Käse an die Nase binden und schläft wieder ein.
Plötzlich schreit er voller Panik auf.
„Was ist denn jetzt los?" fragt Frau Pimpelmoser.
„Jetzt habe ich die Katze verschluckt."

Es ist ein strahlend schöner Tag, aber Heiner ist tropfnaß.
„Was ist denn los, Heiner?" fragt Holger.
„Ich bin durch eine Autowaschanlage gefahren."
„Aber da wird man doch nicht naß!"
„Doch", sagt Heiner, „wenn man mit dem Rad unterwegs ist."

Unterwegs

Ein Motorradfahrer ist recht flott unterwegs. Plötzlich überholt ihn eine Polizeistreife. Der Polizist ruft ihm zu: „Halten Sie sofort an!"
„Wieso, was ist denn los?"
„Sie haben Ihren Beifahrer verloren!" brüllt der Beamte.
„Ach so", sagt der Motorradfahrer, „und ich dachte schon, ich fahre zu schnell!"

Frau Bröselmeier hat erst vor kurzem den Führerschein gemacht.
„Und, hast du noch Probleme im Verkehr?" fragt ihre Freundin.
„Ich nicht", sagt Frau Bröselmeier, „aber die anderen!"

Herr Oberhupf ist mit dem Fahrrad unterwegs. In einer scharfen Kurve rutscht er aus, stürzt und bleibt in einer Schlammpfütze liegen.
„Oh, sind Sie gestürzt?" fragt ein Passant.
„Nein, nein", sagt Herr Oberhupf, „so steige ich immer ab."

Polizeirevier. Mitternacht. Ein betrunkener Autofahrer stürmt zur Tür herein und fragt:
„Gibt es hier in der Gegend Pinguine?"
„Nein", sagt der Polizist.
„Verdammt!" ruft der Autofahrer. „Dann habe ich eine Nonne angefahren!"

Huber und Sohn machen mit dem Auto eine Spritztour. Bettelt der Sohn den Vater an: „So laß mich doch jetzt auch einmal fahren, nun bin ich doch schon alt genug."
„Du schon", erwidert trocken der Vater, „aber das Auto nicht!"

Eines Tages hat Herr Huber seinem Sohn das Auto doch mal geliehen. Das war nicht ganz vernünftig. Und es kommt, wie es kommen mußte: Der Herr Sohn baut einen Unfall. Der Vater erkundigt sich in der Reparaturwerkstatt nach seinem Auto.
„Wollen Sie zuerst die gute Nachricht hören oder zuerst die schlechte?" fragt der Mechaniker.
„Zuerst die gute", meint Herr Huber.
„Also, Handschuhfach und Aschenbecher sind in Ordnung."

Norbert will sich unbedingt vom Vater das Auto ausleihen. Sagt dieser ärgerlich: „Ich möchte nur wissen, wozu du eigentlich deine Füße hast!"
„Ist doch klar!" sagt Norbert. „Den einen fürs Gas und den anderen für die Bremse!"

Frau Dippel möchte endlich einmal allein mit ihrem Mann in den Urlaub fahren.
„Jetzt habe ich sie alle untergebracht", seufzt sie erleichtert. „Michael ist auf Skikurs, Berthold ist

bei Oma, den Kanarienvogel übernimmt Onkel Fritz, und der Hund kommt zu den Nachbarn."
„Jetzt mußt du mir nur noch sagen, warum wir ausgerechnet jetzt in Urlaub fahren", meint Herr Dippel. „Wo es doch zu Hause so schön ruhig wäre!"

Albert fragt seine Mutter: „Was geschieht eigentlich mit einem alten Auto, bei dem nichts mehr so richtig funktioniert?"
„Dann passiert folgendes," sagt Mami. „Ein Gebrauchtwagenhändler nimmt es, schreibt ein Schild ‚Erstklassiger Gebrauchtwagen' und steckt das Schild auf das Auto."
„Und dann?"
„Dann kommt Papi und kauft es."

Fridolin fährt mit dem Auto ins Gebirge. Es ist ein wunderschöner Tag. Plötzlich streikt der Wagen. Nichts geht mehr. Fridolin steigt aus, öffnet die Motorhaube und versucht, den Fehler zu finden. Vergeblich. Da steht plötzlich eine schwarzgefleckte Kuh vor ihm und empfiehlt ihm, eine bestimmte Schraube nachzuziehen. Fridolin bedankt sich, zieht die Schraube nach, startet und fährt weiter.
An der nächsten Tankstelle bleibt er stehen und erzählt dem Tankwart die ganze Geschichte. Der kratzt sich verwundert den Kopf. „Eine schwarz

gefleckte Kuh, sagen Sie? Wirklich schwarz gefleckt?"
„Eine schwarzgefleckte Kuh", bestätigt Fridolin.
„Kapier' ich nicht", murmelt der Tankwart. „Normalerweise verstehen die Schwarzgefleckten rein gar nichts von Autos."

Im Sommer gibt's auf dem Bauernhof viel zu tun. Deshalb hat sich der Unterbauer dieses Jahr eine Ferienhilfe aus der Stadt engagiert. Zunächst ist er mit dem blassen Bürschchen ja ganz zufrieden. Eines Tages sieht er, wie der Stadtcowboy einer Kuh die frische Milch zu trinken gibt.
„Ja bist du denn von allen guten Geistern verlassen?" schreit der Bauer.
„Was regen Sie sich denn so auf", sagt der Städter. „Die Milch war heute etwas dünn. Da wollte ich sie noch einmal durchlaufen lassen!"

Otto ist sehr stolz auf sein neues Auto. Jetzt braucht er nur noch die richtige Autonummer. Er geht zum Kreisamt und versucht, die Nummer 131313 zu bekommen.
„Komisch", meint der zuständige Beamte, „die meisten Leute wollen gerade keine Nummer mit einer 13, weil sie abergläubisch sind."
„Eben deshalb will ich diese Nummer", sagt Otto. „Dann traut sich niemand, mein Auto zu stehlen!"

Bei der Führerscheinprüfung. „Haben Sie schon Angst vor meinen Fragen?“ erkundigt sich der Prüfer.
„Vor den Fragen nicht“, antwortet der Prüfling. „Aber vor meinen Antworten!“

Pömpel hat einen über den Durst getrunken. Bei der Heimfahrt mit dem Auto wird er von einem Polizisten angehalten.
„Bei Alkohol“, mahnt der Beamte, „Hände weg vom Steuer!“
„Was?“ lallt Pömpel. „Freihändig soll ich auch noch fahren, wenn ich besoffen bin?“

Knösel hatte schon immer einen Traum: Einmal wollte er nach Amerika. Nach jahrelangem Sparen ist es schließlich soweit. Er kann sich ein Schiffsticket leisten. Und er genießt die Überfahrt. Am Ziel angelangt, muß sich Knösel aber furchtbar ärgern. Als das Schiff in New York anlegt, sieht er einen Taucher an Land gehen. Entsetzt wendet er sich Fred Huber, einem anderen Passagier, zu: „Verdammt, wenn ich gewußt hätte, daß man da auch zu Fuß gehen kann, hätte ich mir das ganze Geld sparen können!“

Fritz hat wieder einmal zuviel getrunken. Dann hat er sich hinters Steuer gesetzt, und dann war da dieser Baum. Das Auto ist kaputt, und Fritz ist

bewußtlos. Zum Glück ist ihm nichts Ernstes passiert. Als er im Krankenhaus wieder zu sich kommt und die Augen öffnet, will er wissen:
„Wo bin ich?"
Antwortet eine Stimme: „Auf Nummer 17."
„Nummer 17, was?" fragt Fritz. „Zimmer oder Zelle?"

Otto rennt wie ein Verrückter die Straße runter. Er sieht seinen Freund Anton. „Los, komm mit!" ruft er. „Jemand hat mir das Auto gestohlen, da vorne fährt er!"
„Hat doch keinen Zweck", sagt Anton. „Das schaffen wir doch nie!"
„Klar schaffen wir das!" ruft Otto und läuft weiter. „Du kennst mein Auto nicht!"

Herr Hirneder lackiert sein Auto neu. Kommt ein Freund vorbei und ruft erstaunt: „Ja, was machst denn du da, du lackierst ja die eine Seite gelb und die andere rot!"
„Ja", antwortet Herr Hirneder mit einem breiten Grinsen, „Köpfchen muß man eben haben. Was glaubst du, wie sich die Zeugen bei einem Unfall widersprechen werden!"

Opa Schnakenkrank hat den Führerschein gemacht – beim vierten Anlauf. Nun ist er stolzer Autofahrer und macht den ersten eigenen Versuch, das Auto einzuparken. Zuerst kracht es vorne, dann klirrt es hinten. Dann bumst es wieder vorne. Da meldet sich Klein Helmut vom Rücksitz. „Opa, ich glaube, du solltest lieber Billard spielen!“

Gemütlicher Fernsehabend bei Hömpels. Plötzlich kracht es auf der Straße fürchterlich. Sagt Frau Hömpel zu ihrem Mann: „Schau doch mal zum Fenster hinaus, was da passiert ist.“
Herr Hömpel geht zum Fenster und schaut hinaus. „Und?“ fragt Frau Hömpel neugierig.
„Ach“, antwortet Herr Hömpel, „da wollte einer in die Seitenstraße einbiegen.“
„Aber da ist doch überhaupt keine Seitenstraße“, wundert sich Frau Hömpel.
„Eben“, meint Herr Hömpel. „Drum hat's auch so gekracht!“

Ein Mann mittleren Alters schimpft im Autobus plötzlich wild drauflos: „Es ist wirklich eine Schande“, entrüstet er sich, „kein Mensch steht heutzutage mehr auf, um einem älteren Menschen einen Sitzplatz anzubieten!“
„Aber Sie haben doch einen Sitzplatz“, sagt ein junger Mann verwundert.
„Ich schon, aber meine alte Mutter da hinten, die muß stehen!“

Der Bus ist gesteckt voll. Zu allem Überdruß steigt jetzt auch noch ein Betrunkener ein. Verwirrt sieht er sich um. Dann entdeckt er einen Mann in Uniform und drängt sich zu ihm hin.
„Einmal ein Ticket“, lallt er.
„Da sind Sie aber völlig falsch, Mann“, herrscht ihn der Mann in Uniform an, „ich bin Admiral!“
„Um Gottes willen, ein Admiral“, ruft der Betrunkene entsetzt, „wie komme ich denn jetzt wieder vom Schiff runter?“

Der Zug fährt durch die Lüneburger Heide. Ein Fahrgast öffnet das Fenster, reißt eine Seite nach der anderen aus seinem Buch, zerknüllt sie und wirft die Knäuel aus dem fahrenden Zug.
„Ja, was machen Sie denn da?“ erkundigt sich verwundert ein Mitreisender.
„Das sehen Sie doch. Ich werfe Papierknäuel aus dem Zug.“
„Und was hat das für einen Sinn?“
„Damit verjage ich die Heidebären“, sagt der Mann, reißt eine neue Seite aus dem Buch, zerknüllt sie und wirft das Papier raus.
„Aber – aber in der Heide gibt es doch gar keine Bären.“
„Na, da sehen Sie, wie meine Methode wirkt!“

Montag früh. An der Bushaltestelle herrscht wieder ein fürchterliches Gedränge. Obwohl der Bus

schon total überfüllt ist, will ein kleiner Mann noch unbedingt einsteigen. Er drängt und schiebt sich durch die Leute, aber man läßt ihn einfach nicht durch. Doch der kleine Mann gibt nicht auf. „Sehen Sie denn nicht, daß der Bus schon mehr als voll ist!“ herrscht ihn eine Frau an. Und eine andere meint ärgerlich: „Sie glauben wohl, Sie sind was Besonderes. Können Sie denn nicht den nächsten Bus nehmen?“
„Nein, das geht nicht“, sagt der kleine Mann ganz ruhig.
„Und warum nicht, wenn ich fragen darf?“
„Ich bin der Busfahrer.“

Ein ungemütlich aussehender Bursche steigt in die Straßenbahn ein und sagt lässig zum Fahrer: „Heute zahle ich nicht!“ Am nächsten Tag spielt sich die gleiche Szene ab. Am dritten Tag wendet sich schließlich eine alte Dame an den Straßenbahnfahrer und flüstert: „Ja wieso lassen Sie denn den Kerl immer gratis fahren?“
„Ach wissen Sie“, sagt der Fahrer, „den kenne ich. Der hat eine Monatskarte!“

Ein Maskierter stürzt ins Eisenbahnabteil und ruft: „Geld oder Leben!“
Der Überfallene wird leichenblaß und zittert am ganzen Leib. „Ich habe kein Geld!“ sagt er verzweifelt.

„Und warum zittern Sie dann so, ha?“ will der Gangster wissen.
„Ich hatte schon befürchtet, daß der Schaffner kommt.“

„Fährt dieser Bus zum Flughafen?“ will ein Mann vom Busfahrer wissen.
„Nein“, antwortet dieser ungehalten.
„Aber vorne steht doch ‚Flughafen‘ auf dem Schild“, wundert sich der Fahrgast.
„Auf der Seite steht ‚Schuh-Paradies‘ auf dem Schild“, gibt der Fahrer zurück, „und Schuhe verkaufen wir auch keine!“

Im Bus. Ein junger Mann bietet einer älteren Frau seinen Platz an.
„Das ist aber sehr aufmerksam von Ihnen, junger Mann!“ bedankt sich die Frau.
„Gern geschehen“, sagt der junge Mann. „Wissen Sie, Sie erinnern mich nämlich an jemanden, den ich sehr mag.“
„An Ihre Tante oder an Ihre Großmutter vielleicht?“ erkundigt sich die Frau neugierig.
„Nein“, erklärt der junge Mann, „an meinen Hund.“

Frau Häuptl sitzt zum erstenmal im Flugzeug. Sie ist schwer beeindruckt. „Sehen Sie doch“, sagt sie und deutet aufgeregt aus dem Fenster,

„vom Flugzeug aus sehen die Menschen aus wie Ameisen!“
„Das sind Ameisen“, sagt ihr Sitznachbar. „Wir fliegen nämlich noch gar nicht!“

Auf dem Flughafen. Die große Passagiermaschine hätte schon längst starten sollen, aber sie steht noch immer auf dem Rollfeld. Der Pilot weigert sich, mit dem uralten Motor zu fliegen.
Endlich ist es soweit. Die Stewardeß verkündet den Passagieren, daß man gleich starten werde.
„Ah“, sagt ein älterer Herr beruhigt, „wurde also doch der Motor ausgetauscht!“
„Der Motor nicht“, sagt die Stewardeß, „aber der Pilot!“

Heiner gibt schwer an mit seinen Sprachkenntnissen: „Ohne Englisch kommt man heute einfach nicht mehr durch“, sagt er. „Ketchup, Pizza, Pommes frites!“
„So ein Quatsch!“ meint Holger. „Pizza ist italienisch, und Pommes frites ist französisch!“
„Toll!“ strahlt Norbert. „Hab’ gar nicht gewußt, daß ich auch Italienisch und Französisch kann!“

Ein Mann kommt ins Hotel und verlangt ein Zimmer für eine Nacht. „Tut mir leid, mein Herr, aber es ist absolut nichts mehr frei!“ erklärt der Portier.

„Ach“, sagt der Gast, „und wenn jetzt plötzlich der Papst käme, für den hätten Sie doch bestimmt ein Zimmer frei!“
„Aber klar“, antwortet der Portier, „für den Papst hätten wir natürlich ein Zimmer!“
„Dann geben sie es doch mir“, schlägt der Gast vor. „Der Papst kommt nämlich heute nicht!“

Auf einer Parkbank in einem noblen Kurort sitzen zwei Männer. Fragt der eine: „Wissen Sie, ich bin neu hier. Ist die Luft auch wirklich so gesund, wie immer behauptet wird?“
„Das kann man wohl sagen“, sagt der andere. „Schauen Sie mich an. Als ich hierherkam, konnte ich nicht gehen und hatte überhaupt keine Haare auf dem Kopf!“
„Donnerwetter!“ ruft der neue Gast. „Und wie lange sind Sie jetzt schon hier?“
„Ich bin hier geboren!“

Der Topmanager winkt aufgeregt ein Taxi herbei.
„Und wohin soll ich Sie bringen?“ erkundigt sich der Fahrer.
„Ist egal“, meint der Manager hastig. „Einer wie ich wird überall gebraucht!“

Ein neugieriger Sommerfrischler interessiert sich sehr für das bäuerliche Leben. „Wieviel

Milch geben Ihre Kühe eigentlich so am Tag?" will er vom Bauern wissen.
„Na, vielleicht so 200 Liter", meint der Bauer.
„Und wieviel davon verkaufen Sie weiter?" erkundigt sich der Städter fachmännisch.
„Ja, also", sagt der Bauer, „250 Liter werden es schon sein!"

Bodo braust mit dem Motorrad dahin. Auf dem Kopf trägt er eine Zipfelmütze. Ein Polizist hält ihn sofort an.
„Sie tragen keinen Helm!" erklärt der Ordnungshüter und will das Bußgeld kassieren.
„Aber sehen Sie denn meine Sicherheits-Zipfelmütze nicht?" fragt Bodo erstaunt.
„Hören Sie, machen Sie keine Witze. Die Zipfelmütze schützt Sie doch nicht bei einem Unfall!"
„Da haben Sie aber eine Ahnung", sagt Bodo. „Ich habe nämlich extra einen Test gemacht. Ich hab' meine Zipfelmütze und meinen Helm vom zwanzigsten Stock auf den Parkplatz geworfen. Der Helm war kaputt, die Zipfelmütze ist heil geblieben!"

Der Pilot an den Tower: „Rate mal, wer jetzt kommt!"
Der Fluglotse schaltet die Beleuchtung der Landebahn aus und erwidert: „Rate mal, wo wir sind!"

Im Zug. Herr Knolle will unbedingt ein Gespräch mit seinem Sitznachbarn anknüpfen.
„Fahren Sie auch nach Frankfurt?“ fragt er.
„Ja“, sagt der Nachbar.
„Und was machen Sie dort?“ will Knolle wissen.
„Aussteigen!“

Der Pilot wischt sich den Schweiß von der Stirne. „Puh, das war aber ganz schön anstrengend“, sagt er, „die Reklameschrift so exakt in den Himmel zu schreiben!“
„Tut mir leid, Junge“, sagt der Boß, „du mußt noch mal rauf. Du hast das Ausrufezeichen am Ende vergessen!“

Felix und Franz unterhalten sich über Hubschrauber. Fragt Felix: „Weißt du eigentlich, wozu die Rotorblätter gut sind?“
„Na klar“, antwortet Franz, „die sorgen dafür, daß der Pilot nicht schwitzt!“
„So ein Unsinn!“ ruft Felix.
„Gar kein Unsinn“, sagt Franz. „Was glaubst du, wie der Pilot schwitzt, wenn der Propeller ausfällt!“

Im Tower des Flughafens. Plötzlich ertönt aus dem Lautsprecher eine Stimme: „Hier Flug 73 12. Wir haben nur noch zwanzig Liter Kerosin. Bitte kommen!“

Der diensthabende Beamte antwortet: „Jetzt ganz ruhig bleiben. Bitte geben Sie Ihre Position an." Einige Sekunden herrscht absolute Funkstille. Im Tower befürchtet man schon das Schlimmste. Da meldet sich die Stimme wieder. „Wir stehen auf Landebahn Nummer vier. Wann, zum Teufel, kommt endlich ein Tankwagen?"

Im Treppenhaus eines großen Bürogebäudes. „Können Sie mir bitte sagen, wo hier das Reisebüro ist?" fragt ein Mann den Portier.
„Im fünften Stock", antwortet der Portier. „Wollen Sie mit dem Lift fahren?"
„Nein", sagt der Mann, „ich hatte eigentlich an eine Flugreise gedacht."

Kreuzfahrt durch die Südsee. Ein Passagier steht an der Reling und blickt in die Ferne. Da fährt das Schiff an einer einsamen Insel vorbei. Am Strand hüpft ein Mann auf und ab und winkt verzweifelt. Haar und Bart sind lang, er ist mit Fellen bekleidet. Er springt wie verrückt in die Luft, läuft wild hin und her und stößt heisere Schreie aus.
Der Passagier läuft zum Kapitän.
„Da draußen, auf der einsamen Insel", ruft er, „da springt einer herum und schreit und winkt wie verrückt!"
„Machen Sie sich nichts draus", sagt der Kapitän.

„Den verrückten Typen kennen wir. Jedesmal, wenn wir vorbeikommen, macht er dasselbe Theater."

Heiner und Holger haben die Nacht durchgemacht. Frühmorgens steigen sie ins Auto und fahren gemeinsam nach Hause.
„Paß doch auf!" schreit Heiner plötzlich. „Jetzt wärst du bald in den Straßengraben gefahren!"
„Wieso ich", ruft Holger, „ich dachte, du fährst!"

Ein großes Passagierschiff ist untergegangen. Glücklicherweise konnten sich alle Fahrgäste und Mannschaften retten. Jetzt treiben sie in Rettungsbooten auf dem Meer.
„Wie weit ist es denn bis zum Land?" erkundigt sich einer der Passagiere beim Kapitän.
„Ungefähr einen Kilometer", meint der Kapitän.
Alle blicken sich um, doch nirgendwo ist Land zu sehen.
„In welcher Richtung?"
„Richtung unten", sagt der Kapitän.

Ein Fischerboot ist gesunken. Es gibt nur einen einzigen Überlebenden. Er berichtet: „Zuerst konnten wir uns alle auf eine kleine Insel retten. Aber zu essen hatten wir nichts. Schließlich mußten wir unsere Schuhe aufessen."
„Aber warum haben dann nur Sie überlebt?" will

der Reporter wissen. „Sie waren wohl der Stärkste?“
„Das nicht“, sagt der Überlebende, „aber ich hatte die größten Schuhe!“

Der alte Kahn fährt die Küste entlang. Auf Deck steht der Kapitän und preist seine tollen Ortskenntnisse an: „Diese Küstengegend kenne ich in- und auswendig. Ich weiß von jeder einzelnen Sandbank, wo sie liegt!“
Da geht ein Ruck durch das Boot.
„Na, sehen Sie“, sagt der Kapitän, „da ist schon eine!“

Zwei Männer blicken zum nächtlichen Sternenhimmel empor und suchen das Sternbild des Großen Bären. Aber sie finden es einfach nicht. „Wissen Sie vielleicht, wo der Große Bär ist“, fragen sie einen Spaziergänger.
„Keine Ahnung!“ sagt der Mann. „Ich bin auch nicht von hier.“

Eine ältere Dame beschwert sich beim Straßenbahnfahrer: „Als ich noch jung war, war das Personal bei der Straßenbahn noch viel kultivierter!“
„Unsinn“, sagt der Fahrer, „damals hat’s noch gar keine Straßenbahn gegeben!“

Max und Fritz machen mit ihren Eltern Urlaub auf dem Bauernhof. Sie schauen einer Kuh beim Grasen zu.
„Weißt du eigentlich“, fragt Max, „wie alt die Kuh da sein könnte?“
„Zwei Jahre“, sagt Fritz.
„Und wie willst du das wissen?“
„Weil sie zwei Hörner hat!“

Ede und Bodo sitzen im Bus. Die Frau gegenüber starrt wütend vor sich hin.
„Meine Güte“, flüstert Bodo, „die ist aber sauer!“
„Kein Wunder“, flüstert Ede zurück, „die hat nämlich gerade ihre Geldtasche verloren.“
„Woher weißt du das denn so genau?“
„Weil ich sie gefunden habe!“

Herr Knolle ist ein sehr ängstlicher Mensch. Jetzt fürchtet er sich sogar schon vor dem Straßenbahnfahren. „Kann man eigentlich einen elektrischen Schlag bekommen, wenn man mit dem Fuß die Schienen berührt?“
„Das kann schon sein“, antwortet der Fahrer. „Aber nur, wenn Sie gleichzeitig mit der Hand die Oberleitung anfassen!“

Heiner und Holger machen eine Radtour mit einem Tandem. Heiner sitzt vorne, Holger hinten. Eben sind sie eine steile Bergstraße hochgestram-

pelt. Oben angelangt, keucht Heiner: „Wenn ich nicht so feste getreten hätte, hätten wir dieses steile Stück echt nicht geschafft!“
„Stimmt“, sagt Holger, „und wenn ich nicht so feste gebremst hätte, wären wir dauernd wieder zurückgerollt!“

Herr Pfeiffer steht an der Tankstelle. Erklärt ihm der Tankwart: „Sie sind der letzte, der den Treibstoff noch um eine Mark dreißig pro Liter bekommt.“
„Bitte volltanken!“ sagt Herr Pfeiffer blitzschnell. Beim Wegfahren bremst er noch einmal ab und fragt den Tankwart: „Wie ist denn übrigens der neue Preis?“
„Eine Mark zwanzig!“

Vor dem Flughafen. Ein Mann geht zum Taxistandplatz und fragt einen Taxifahrer: „Was kostet eine Fahrt in die Lindenstraße?“
„Zwanzig Mark“, sagt der Taxifahrer.
„Und meine zwei Koffer“, will der Mann wissen, „was kosten die?“
„Die kosten nichts.“
„Also gut“, meint der Mann, „dann gehe ich zu Fuß. Und meine beiden Koffer bringen Sie bitte in die Lindenstraße 28.“

Ein reicher Texaner besucht Deutschland. Mit seiner Angeberei geht er dem Reiseleiter bald auf die Nerven.
„Dies hier ist unser altes Rathaus“, erklärt der Reiseleiter.
„Oh!“ meint dazu der Amerikaner. „So etwas bauen wir in zwei Wochen!“
„Und hier stehen wir vor dem wunderschönen gotischen Dom.“
„Hübsch“, sagt der Texaner, „aber so was stellen wir in einem Monat hin!“
So geht das während der ganzen Stadtrundfahrt. Dann kommt die Gruppe zum Parlament.
„Und was ist das?“ will der Amerikaner wissen.
„Keine Ahnung“, meint der Reiseleiter, „das stand gestern noch nicht da!“

Schiffsunglück auf dem Nil. Ein Luxusdampfer mit amerikanischen Touristen geht unter. Die Menschen versuchen verzweifelt, sich über Wasser zu halten, bis Hilfe kommt. Doch schon kommen die ersten Krokodile angeschwommen. Schimpft ein Amerikaner: „Das ist wieder einmal typisch für diese Entwicklungsländer. Schulden über Schulden, aber die Rettungsboote von Lacoste!“

Familie Dussel fährt in den wohlverdienten Urlaub. Auf der Autobahn fällt Frau Dussel ein:

„Um Himmels willen, ich habe vergessen, den Herd auszuschalten! Jetzt brennt das ganze Haus ab!"
„Gar nichts brennt ab", sagt Herr Dussel beruhigend, „ich hab' nämlich vergessen, den Wasserhahn abzudrehen!"

Im nächsten Jahr fahren die Dussels mit dem Zug in den Urlaub. Sie haben eben die Koffer verstaut, da murmelt Herr Dussel:
„Ich hätte den Wohnzimmerschrank doch noch mitnehmen sollen."
„Aber wieso denn das?" fragt Frau Dussel.
„Da liegen nämlich unsere Fahrkarten drauf."

Beim Gericht. Der Verkehrssünder wurde freigesprochen. Stolz fragt der Verteidiger seinen Mandanten: „Na, waren Sie mit mir zufrieden?"
„Wenn ich das vorher gewußt hätte", sagt der Freigesprochene, „was für ein guter Autofahrer ich bin, dann hätte ich Sie gar nicht gebraucht!"

Ein Verkehrssünder erscheint vor dem Richter. Und der erkennt im Autofahrer sofort seinen ehemaligen Lehrer wieder.
„Auf diesen Augenblick habe ich dreißig Jahre lang gewartet!" sagt der Richter. „Jetzt schreiben Sie tausendmal: ‚Ich darf die Höchstgeschwindigkeit nicht überschreiten.'"

Ein Auto rast mit einem Affenzahn durch die Stadt. Endlich gelingt es der Polizei, den Raser zu stoppen. „Geben Sie mir Ihren Führerschein!" fordert der Beamte in ernstem Ton.
„Also Ihr Polizisten habt vielleicht eine Schlamperei", sagt der Autofahrer, „den Führerschein habe ich doch schon vor einer Woche einem Kollegen von Ihnen gegeben!"

Ein Autofahrer überfährt das Stoppschild. Ein Polizist hält ihn an und zeigt auf das Verkehrszeichen: „Wissen Sie, was das Schild bedeutet?"
„Tut mir leid", meint der Autofahrer, „aber in der nächsten Straße ist eine Fahrschule, die wissen das sicher!"

Herbert Bolle fährt mit seinem neuen Fahrrad entgegen der Einbahnstraße. Ein Polizist hält ihn an und fragt: „Wie heißt du?"
„Bolle", antwortet Herbert.
„Und dein Alter?"
„Der heißt auch Bolle."

Der Privatdetektiv stürzt atemlos in ein Taxi. „Folgen Sie dem gelben Wagen vor uns!" zischt er. „Und verlieren Sie ihn nicht aus den Augen. Bleiben Sie so dicht dran wie möglich!"
„Kein Problem, Chef", erwidert der Taxifahrer, „der gelbe Wagen schleppt mich gerade ab."

Herr Knall hat Herrn Bolle eine Ansichtskarte aus Marokko geschickt. Es war eine merkwürdige Karte. Statt der üblichen Grüße hat Herr Knall geschrieben:
„Lieber Herr Bolle! Ich halte Sie für einen Idioten. Gruß, Knall."
Und jetzt steht Herr Knall wegen Beleidigung vor Gericht. „Warum, um alles in der Welt", fragt der Richter, „haben Sie Herrn Bolle einen Idioten genannt?"
„Na", sagt Herr Knall, „weil das halt meine Ansicht ist!"

Furchtbares Gedränge in der U-Bahn. Sagt eine Frau zum Mann neben ihr: „Wie alt sind Sie eigentlich?"
„Fünfundvierzig", antwortet der Mann verdutzt.
„Und fühlen Sie sich schon alt genug, um auf eigenen Füßen zu stehen?"
„Doch, doch, gewiß", sagt der Mann.
„Dann steigen Sie mir bitte von den Zehen!"

Max: „Stell dir vor, was mir gestern passiert ist. Stromausfall im Büro. Geschlagene drei Stunden bin ich im Lift festgesteckt!"
Hans: „Mir ist vorige Woche noch was Fürchterlicheres passiert. Ich fahre gerade mit der Rolltreppe am Bahnhof, da fällt der Strom aus. Sechs Stunden lang habe ich warten müssen!"

Karlheinz und Egon machen einen Ausflug nach Bad Hintertupfing. Die Straße ist sehr kurvig, und jetzt geht es auch noch bergauf.
„Guck mal, Egon“, sagt Karlheinz, „bei dieser scharfen Linkskurve da vorne, da ist vor einem Jahr der Bus mit dreißig Fahrgästen umgekippt.“
Egon guckt sich im Bus um und sagt: „Na, da bin ich aber beruhigt!“
„Wieso bist du beruhigt?“
„Weil uns das jetzt nicht passieren kann. Heute sind wir nur zwanzig Leute im Bus!“

Herr Blümchen hat sein Auto generalüberholt. Alles blitzt, alles ist überprüft, alles ist repariert. Und alles hat Herr Blümchen selbst gemacht.
Auch Frau Blümchen ist begeistert. „Du wirst sehen“, sagt sie, „das Auto läuft jetzt bestimmt doppelt so gut!“
„Was heißt hier doppelt so gut?“ fragt Herr Blümchen.
„Na ja“, sagt Frau Blümchen, „bis jetzt mußtest du immer hundert Meter schieben, bis der Kübel ansprang. Jetzt genügen bestimmt zweihundert Meter!“

Die Straße ist abgesperrt. Der Autobus steht quer zur Fahrbahn. Die Polizei versucht, die Unfallursache zu ermitteln. Der Busfahrer wird vernommen.

„Können Sie uns sagen, wie es zu dem Unfall gekommen ist?“ fragt der Polizist.
„Keine Ahnung“, entgegnet der Fahrer, „als es krachte, war ich gerade hinten Fahrkarten verkaufen!“

Karl-Otto an der Tankstelle.
„Ach, schauen Sie doch mal kurz nach den Reifen“, bittet er den Tankwart.
Der geht ums Auto herum und sagt: „Sind alle dran!“

Herr Knolle hat sich einen neuen Gebrauchtwagen gekauft. Ganz zufrieden ist er aber nicht. Er fährt zum Händler zurück und sagt: „Also, das Auto ist ja ganz okay. Aber egal, wie schnell ich fahre, der Tacho steht dauernd auf fünfzig Stundenkilometer!“
„Wenn’s weiter nichts ist“, meint der Händler, „hier hab’ ich einen Tacho, der zeigt immer hundertachtzig!“

Der Fernfahrer ruft seinen Chef an: „Tut mir leid, Chef, aber ich kann einfach nicht mehr weiterfahren. Der Seitenspiegel ist völlig kaputt.“
„Na, dann schrauben Sie doch einen neuen Spiegel an!“ meint der Chef verärgert.
„Das geht leider nicht“, sagt der Fernfahrer, „da liegt der ganze Lastwagen drauf!“

Otto will sich einen neuen Gebrauchtwagen zulegen. Beim Händler sieht er ein riesiges Schild „Gebrauchtwagen mit Garantie."
Otto ist begeistert und kauft sich einen alten Opel.
„Noch eine Frage", sagt er vor dem Wegfahren, „wie sieht ihre Garantie eigentlich aus?"
„Ich garantiere Ihnen", sagt der Händler, „ daß der Wagen gebraucht ist."

In der Reparaturwerkstätte. Der Kunde bittet den Mechaniker: „Bitte stellen Sie mir die Hupe so laut wie möglich ein."
„Geht in Ordnung", meint der Mechaniker, „aber was ich noch sagen wollte: Ihre Bremsen sind auch nicht mehr die besten."
„Weiß ich", sagt der Kunde, „und deswegen will ich ja eine laute Hupe!"

Verkehrskontrolle. Herr Knösel ist viel zu schnell unterwegs und tappt in eine Radarfalle. Der Polizist hält ihn an und überprüft bei der Gelegenheit auch gleich das ganze Auto.
„Nicht nur, daß Sie wie ein Verrückter rasen", sagt der Beamte, „dazu sind auch noch ihre Bremsen völlig im Eimer!"
„Deswegen rase ich ja wie ein Verückter", jammert Knösel, „damit ich zu Hause bin, bevor was passiert!"

Fridolin gibt seinem Freund einen guten Rat: „Du solltest deinen Wagen wirklich einmal überholen lassen!“
„Ist überhaupt nicht nötig“, meint der Freund ganz gelassen, „mein Auto wird sowieso dauernd überholt. Jetzt überholen mich sogar schon Radfahrer!“

Vor Gericht. Eine vornehme Dame mittleren Alters sitzt auf der Anklagebank. Sie war in einen Autounfall verwickelt.
„Ihr Name? fragt der Richter.
„Vogel.“
„Vorname?“
„Maria.“
„Beruf?“
„Malerin.“
„Alter?“
„Das sag’ ich nicht, das geht niemanden etwas an!“ sagt die Angeklagte.
„Aber das müssen Sie!“ erklärt der Richter.
„Nein!“
„Schön“, meint der Richter, „dann lasse ich Sie schätzen.“

Die Urlaubsgäste stehen vor der berüchtigten Höllenschlucht und starren ängstlich in die Tiefe. Ein Urlauber fragt den Bergführer zaghaft: „Sagen Sie, fallen hier die Fremden nicht oft hinein?“

„Nein“, sagt der Bergführer, „eigentlich immer nur einmal!“

Im Fremdenverkehrsbüro eines Dorfes in den Alpen. Ein Urlaubsgast beschwert sich: „Ich habe gerade die Wanderung gemacht, die Sie mir heute morgen empfohlen haben. Aber das ist ja lebensgefährlich. Mehrere Male wäre ich fast in die Schlucht gestürzt. Da müssen Sie unbedingt ein Geländer hinmachen!“
„Haben wir auch gehabt“, sagt der Einheimische. „Aber die Fremden haben das Geländer immer mit in die Tiefe gerissen. Und das ist uns einfach zu teuer geworden!“

Otto kommt vom Abenteuerurlaub in Afrika zurück und erzählt seinen Kollegen:
„Ich gehe gerade gemütlich spazieren. Plötzlich taucht ein Löwe auf. Ich renne um mein Leben. Der nächste Baum ist weit weg. Der Löwe mir nach. Ich spür’ schon seinen heißen Atem im Nacken. Er brüllt fürchterlich. Der Löwe fletscht die Zähne und kommt näher und näher. Ich glaub’ schon, es ist aus mit mir. Da rutscht der Löwe aus. Ich renne zum Baum, klettere hinauf und bin in Sicherheit.“
Die Kollegen sitzen mit offenem Mund da.
„Also, Otto, wirklich“, sagt einer, „wie du da die Nerven behalten hast, da kann ich dich wirklich

nur bewundern. Ich hätte vor Angst in die Hose gemacht!"
„Na ja", sagt Otto, „worauf glaubt ihr denn, daß der Löwe ausgerutscht ist!"

Fahrkartenschalter auf dem Bahnhof.
„Eine Rückfahrkarte, bitte."
„Eine Rückfahrkarte, wohin?"
„Eine Rückfahrkarte hierher zurück, bitte."

Die Knösels sind endlich am Urlaubsort angekommen. An der Rezeption im Hotel wundert sich Herr Knösel über den Zimmerpreis.
„Hören Sie", sagt Herr Knösel zum Portier, „im Prospekt steht, daß die Zimmer vierzig und sechzig Mark kosten. Und jetzt verlangen Sie auf einmal hundert Mark. Was soll das?"
„Können Sie denn nicht rechnen?" sagt der Portier. „Vierzig Mark und sechzig Mark sind hundert Mark!"

Die Knösels machen Urlaub am Meer. Gestern sind sie im Grand Hotel Excelsior angekommen, heute wollen sie zum erstenmal zum Strand. Doch zuvor wendet sich Herr Knösel an den Portier.
„Ist ja nur so eine Frage", sagt er nervös, „aber sind Sie sicher, daß es am Strand auch keine Krokodile gibt?"

„Aber woher denn“, sagt der Portier, „die sind doch längst alle von den Haifischen gefressen worden.“
„Haifische!“ kreischt Frau Knösel. „Das ist ja fast noch schlimmer!“
„Beruhigen Sie sich“, sagt der Portier, „die Haie sind auch schon alle tot. Haben den Dreck im Wasser nicht vertragen.“

Treffen sich zwei Angeber. „Stellen Sie sich vor“, erzählt der eine, „voriges Jahr war ich in Amerika und habe die Niagarafälle gesehen. Das war einfach unglaublich. Ich genieße gerade die herrliche Aussicht – schwimmt da nicht glatt ein Mann die Wasserfälle hoch!“
„Ich weiß“, sagt der andere, „das war ich!“

Ulrich zeigt seine Urlaubsfotos.
„Hier bin ich, beim Surfen in Hawaii.“
„Toll“, sagt Margot.
„Hier beim Trekking durch Bhutan“, sagt Ulrich. „Hier auf Safari in der Serengeti. Hier beim Rafting im Colorado River. Hier beim Freeclimbing in den Dolomiten. Hier beim Windsurfen vor Fuerteventura. Hier beim Ballonfahren in Neuseeland. Und hier beim Kamelreiten in der Sahara.“
„Kamelreiten, toll“, sagt Margot. „Und wer sitzt da auf dir droben?“

„Neulich bin ich die ganze Strecke von Bremen nach Wien ohne Fahrkarte gereist."
„Wie hast du denn das geschafft?"
„Ich bin mit dem Auto gefahren."

In der Bahnhofshalle. Ein Bettler stellt sich einem Fahrgast in den Weg und streckt die Hand aus. „Haste mal zehn Mark für 'n Bierchen?"
„Frechheit", sagt der Fahrgast, „ein Bier kostet doch nicht zehn Mark!"
„Ich erwarte Gesellschaft", sagt der Bettler.

Der Autofahrer hat sich hoffnungslos verirrt. In einem kleinen Dorf hält er an und fragt einen Einheimischen, wohin diese Straße geht.
„Die geht nirgendwohin", sagt der Dörfler, „die bleibt, wo sie ist."

Die Knalls wollen sich ein Segelboot auf dem Wörthersee mieten. Zuvor muß Herr Knall eine kleine Prüfung machen.
„Herr Knall", fragt der Prüfer, „angenommen, Sie sind weit draußen auf dem See, und plötzlich kommt ein Sturm auf, und Sie schaffen es auf keinen Fall mehr bis zum Yachthafen – was machen Sie?"
„Ich werfe einen Anker aus", sagt Herr Knall.
„Und dann kommt noch eine Sturmböe, was machen Sie dann?"

„Dann werfe ich noch einen Anker aus."
„Na, und wenn dann noch ein Sturm kommt", fragt der Prüfer ungeduldig, „was dann?
„Dann werfe ich noch einen Anker aus", erklärt Herr Knall seelenruhig.
„Herr im Himmel", ruft der Prüfer, „wo nehmen Sie denn all die Anker her?"
„Von dort", sagt Herr Knall, „wo Sie die ganzen Stürme herkriegen."

Das Tiroler Bergdorf ist berühmt dafür, daß die Einwohner unglaublich alt werden. Kommt ein Tourist ins Wirtshaus und fragt nach dem ältesten Dorfbewohner.
„Haben wir nicht", sagt der Wirt.
„Wieso denn nicht?" fragt der Tourist verblüfft.
„Der ist letzte Woche gestorben."

Der Tourist spaziert im Bergdorf herum und trifft einen uralten Einheimischen mit Rauschebart.
„Sagen Sie, haben Sie hier Ihr ganzes Leben lang gelebt?" fragt der Tourist.
„Noch nicht", sagt der Einheimische.

Ein sehr dicker Mann beschwert sich beim Busfahrer: „Dieser Bus ist aber wirklich sehr langsam unterwegs. Kann man denn da gar nichts tun?"

„Doch“, sagt der Fahrer, „steigen Sie aus, dann holen wir wieder auf.“

Tante Emma macht eine Kreuzfahrt. Die See ist rauh und Tante Emma furchtbar seekrank. Sie wankt mit letzter Kraft zum Schiffsarzt. „Ich weiß gar nicht, was ich tun soll“, stöhnt sie.
Der Schiffsarzt holt einen Eimer. „Wissen Sie was“, sagt er, „übergeben Sie den Fall mir.“

In der Bahnhofshalle. „Wohin fährt dieser Zug?“ fragt die alte Dame.
„In zehn Minuten nach Berlin“, sagt der Beamte.
„So was“, sagt die alte Dame, „letztes Mal hat er noch vier Stunden gebraucht.“

In der Bahnhofshalle. Fahrgast: „Ich brauche schnell einen Zug nach Düsseldorf. Kann ich den auf Gleis 14 nehmen?“
Beamter: „Sicher. Ich an Ihrer Stelle würde aber auf den Lokführer warten und einfach mitfahren.“

Zwei Männer im Nichtraucherabteil. Einer zieht seine Zigaretten heraus und fragt: „Entschuldigen Sie, macht es Ihnen was aus, wenn ich rauche?“
„Aber nein“, sagt der andere freundlich, „wenn es Ihnen nichts ausmacht, wenn ich kotze.“

Der kleine Max ist ja einiges gewohnt. Aber so, wie Oma mit dem Auto übers Land braust, das geht wirklich zu weit.
„Fahr doch nicht so schnell in die Kurven, Oma“, fleht Max. „Ich krieg’ ja richtig Angst!“
„Mach’s einfach wie ich“, ruft Oma vergnügt, „wenn’s brenzlig wird, Augen zu und durch.“

Flughafen Frankfurt, Flugsteig B 33. In fünf Minuten soll die Maschine nach Hongkong starten. Doch die alte Dame blockiert den Einstieg. Die Stewardeß versucht ihr Bestes, um sie in das Flugzeug zu bringen. Die alte Dame wehrt sich nach Leibeskräften. „Ich will nicht, ich will nicht!“ ruft sie. Schließlich gelingt es, sie auf einen Sitz zu verfrachten. Das Flugzeug startet in den Fernen Osten.
„Ich will nicht, ich will nicht!“ ruft die alte Dame.
„Was haben Sie denn“, fragt die Stewardeß freundlich, „fürchten Sie sich vor dem Fliegen?“
„Das nicht“, jammert die alte Dame, „aber ich will nach Berlin!“

Die Hömpels fahren in den Urlaub und packen ihre Siebensachen. Fritzchen steht mit seinem Köfferchen schon die längste Zeit bereit.
„Hast du denn all deine Sachen beisammen, Kleiner?“ ruft Vater.

„Klar doch“, sagt Fritzchen.
„Wirklich?“ fragt die Mutter. „Auch deine Zahnbürste?“
„Zahnbürste!“ ruft Fritzchen angewidert. „Ich dachte, wir fahren in den Urlaub!“

Urlaub in Spanien. Die Sonne versinkt im Meer. Die kleine Susi steht am Strand. „Komm, Susi“, ruft die Mutter. „Wir müssen ins Hotel.“
„Nur noch ein bißchen“, sagt Susi.
„Sag, wie lange willst du denn noch in die Sonne starren?“ ruft die Mutter.
„Bis es zischt.“

Beim Onkel Doktor

Beim Psychiater. Der Patient klagt dem Arzt sein Leid: „Herr Doktor, ich habe ein riesiges Problem. Ich bilde mir ein, daß ich ein Hund bin!"
„Wenn das so ist", sagt der Doktor, „dann geben Sie erst einmal schön Pfötchen!"

Beim Erste-Hilfe-Kurs in der Fahrschule. Der Lehrer wiederholt den Stoff der letzten Stunde. „Also, Herr Bröselmeier", fragt er, „wenn jemand einen Hitzschlag erlitten hat – was machen Sie dann als erstes?"
„Als erstes", sagt Herr Bröselmeier, „mache ich ihn kalt!"

Patient zum Psychiater: „Herr Doktor, ich habe das Gefühl, unsichtbar zu sein!"
Der Arzt: „Hat da jemand was gesagt?"

Buchhalter Pingel schläft in letzter Zeit sehr schlecht. Endlich geht er zum Arzt.
„Herr Doktor, ich weiß nicht, was ich tun soll. Ich habe alles probiert – Schlaftabletten, warme Milch am Abend, Wärmflasche – aber ich kann einfach nicht einschlafen!"
„Wissen Sie was", sagt der Arzt, „probieren Sie es einmal damit: Stellen Sie sich Schafe vor, die über einen Zaun springen, und zählen Sie mit. Zählen Sie so lange, bis sie eingeschlafen sind."

Am nächsten Tag ist Pingel wieder beim Arzt. Er hat Ringe unter den Augen und sieht hundemüde aus.
„Na, Herr Pingel, hat wohl nicht ganz funktioniert“, sagt der Arzt.
„Überhaupt nicht!“ sagt Pingel niedergeschlagen. „Wissen Sie, ich habe mich gleich am Anfang verzählt, und dann habe ich die ganze Nacht gebraucht, um den Fehler zu finden.“

Bei der Musterung.
Die jungen Männer werden vom Militärarzt auf ihre Tauglichkeit untersucht. Fragt der Arzt einen der jungen Männer: „Was möchten Sie werden?“
„General!“ antwortet der künftige Soldat.
„Sind Sie denn verrückt!“
„Wieso, muß man das sein?“

Der kleine Frank soll geimpft werden. Das mag er gar nicht. Auf dem ganzen Weg zum Arzt quengelt er. Noch im Wartezimmer nervt er die Mutter. Endlich ist es soweit. Der Arzt redet Frank gut zu: „Weißt du eigentlich, gegen was du geimpft werden sollst?“
„Klar weiß ich das“ schreit Frank. „Gegen meinen Willen!“

Eine verzweifelte Mutter ruft beim Notarzt an: „Bitte, bitte, kommen Sie sofort, mein kleiner Sohn hat einen Bleistift verschluckt!"
Der Arzt beruhigt die Frau und verspricht, so schnell wie möglich zu kommen.
„Und was soll ich in der Zwischenzeit machen?" erkundigt sich die Mutter.
„Nehmen Sie einen Kugelschreiber!"

Neuer Anruf beim Notarzt. „Hier Dümpel, Distelweg 11. Unser Gast hat den Flaschenöffner verschluckt! Kommen Sie bitte, so schnell Sie können!"
Der Arzt schnappt sich seinen Koffer und will gerade rausstürmen. Da klingelt schon wieder das Telefon. Es ist derselbe Anrufer.
„Der Fall hat sich erledigt", sagt die Stimme. „Sie müssen nicht mehr kommen. Wir haben einen anderen Flaschenöffner gefunden!"

In der Universitätsklinik. Der Patient wacht aus der Narkose auf. Er bemerkt, daß er nicht nur einen Verband am Bauch hat, sondern auch ziemliche Halsschmerzen.
„Das ist ganz normal nach einer Mandeloperation", erklärt der Arzt.
„Aber Sie wollten mir doch den Blinddarm herausnehmen", krächzt der Patient. „Wie kommen Sie dazu, mir die Mandeln zu entfernen?"

„Ach wissen Sie“, sagt der Arzt, „die Blinddarmoperation ist so gut gelungen, da wollten die Studenten noch unbedingt eine Zugabe!“

Beim Arzt. „So, und jetzt zeigen Sie mir mal die Zunge“, sagt der Doktor. „So ist es gut.“
Der Patient streckt geduldig die Zunge heraus, und der Doktor setzt sich hin und schreibt etwas auf. Das dauert eine Minute, zwei Minuten. Nach fünf Minuten sagt der Arzt zum Patienten: „So jetzt ist es gut.“
„Aber warum mußte ich denn die Zunge so lange herausstrecken?“ fragt der Patient.
„Ach“, sagt der Arzt, „ich wollte nur in Ruhe das Rezept schreiben!“

Karl-Otto war furchtbar krank, und der Arzt hat ihm strengste Bettruhe verordnet. Dieser traut seinen Augen nicht, als ihm Karl-Otto kurz darauf auf der Straße begegnet, und das bei Schneeregen.
„Wollen Sie sich denn eine Lungenentzündung holen?“ fragt der Doktor verärgert.
„Aber nein“, sagt Karl-Otto, „bloß eine Flasche Schnaps!“

Beim Psychiater. „Herr Doktor, mein Mann hält sich für ein Pferd“, klagt eine elegant gekleidete Dame und spielt nervös mit ihren goldenen Rin-

gen. „Es ist furchtbar. Er wiehert den ganzen Tag und ißt nur mehr Hafer!“
„Da hilft nur eine lange Therapie“, sagt der Psychiater. „Aber um es gleich zu sagen: Das kann recht teuer werden.“
„Wissen Sie, Geld spielt keine Rolle“, beruhigt ihn die Dame. „Zum Glück gewinnt er ja jedes Rennen!“

Frau Mommelmann hat ein anderes Problem. Gemeinsam mit dem kleinen Udo kreuzt sie beim Psychiater auf.
„Der arme Junge hält sich für eine Parkuhr“, schluchzt Frau Mommelmann.
„Na, mein Junge“, sagt der Psychiater, „erzähl doch mal selbst.“
Udo schweigt.
„Und reden kann er auch nicht?“ fragt der Arzt.
„Wie denn auch“, schluchzt Frau Mommelmann, „wo er doch den Mund voller Münzen hat!“

„Ihr Mann war schwer krank“, sagt der Arzt mit ernster Miene. „Jetzt braucht er absolute Ruhe. Ich gebe Ihnen diese Schlaftabletten mit.“
„Und wann soll er die einnehmen?“ erkundigt sich Frau Schöbel.
„Gar nicht“, erklärt der Arzt, „die sind für Sie!“

Heiner läßt sich gründlich untersuchen. „Schwache Kondition“, sagt der Arzt. „Treiben Sie eigentlich Sport?“
„Ja, ja, ich sammle Briefmarken.“
„Aber das ist doch kein Sport!“ sagt der Arzt.
„Doch, doch“, sagt Heiner. „Ich sammle nämlich Olympiabriefmarken!“

Eine Frau kommt mit blutendem Arm zum Arzt. „Konnten Sie nicht eine halbe Stunde früher kommen“, schimpft der Arzt, „als ich noch Sprechstunde hatte!“
„Tut mir sehr leid, Herr Doktor“, erwidert die Patientin, „aber der Hund hat mich erst vor zehn Minuten gebissen!“

Eine Frau kommt zum Psychiater: „Es ist furchtbar“, klagt sie, „mein Junge glaubt seit einigen Monaten, daß er eine Henne ist!“
„Ja, aber warum sind Sie denn da nicht schon viel früher gekommen?“ fragt der Doktor.
„Na ja“, sagt die Mutter, „wo wir doch die Eier so dringend gebraucht haben!“

Herr Bohrer ist Zahnarzt mit Leib und Seele. Nicht einmal beim Golfspielen kann er abschalten. Als neulich der Ball zum Loch rollte, sagte er: „So, und jetzt bitte ganz weit aufmachen!“

Dracula ist beim Zahnarzt. Nachdem das Gebiß des Vampirs wieder tipptopp in Ordnung ist, fragt der Zahnarzt: „Soll ich die Zähne noch abschleifen?"
„Abschleifen doch nicht!" ruft Dracula entsetzt. „Zuspitzen!"

Der zerstreute Professor erzählt seinen Studenten, wie die Lunge funktioniert. Da meldet sich eine Studentin: „Herr Professor, Sie wollten uns doch heute das Gehirn erklären!"
„Morgen", sagt er geistesabwesend, „heute hab' ich was anderes im Kopf!"

Frau Brösel hat die ärgsten gesundheitlichen Beschwerden. Sie stolpert andauernd, hat ständig Kopfweh, sie hat keinen Appetit, und ihr ist immerzu leicht schwindlig. Endlich geht sie zum Arzt. Der untersucht Frau Brösel sehr gründlich.
„Tut mir leid, ich kann die Ursache nicht finden", sagt der Arzt. „Vielleicht liegt es am Alkohol."
„Also gut", sagt Frau Brösel, „dann komme ich halt, wenn Sie wieder nüchtern sind!"

„Alle halten mich für eine Lügnerin!" klagt die Patientin mit Tränen in den Augen.
„Ach", sagt der Arzt, „das nehme ich Ihnen aber nicht ab!"

Herrn Hinterberger hat ein ganz anderes Problem zum Arzt geführt.
„Ich muß immer Sachen stehlen“, jammert er, „ob ich will oder nicht. Ich kann es einfach nicht lassen!“
Der Arzt beruhigt den Patienten und verschreibt ihm dann Tabletten. „Versuchen Sie es mal damit!“
„Und wenn das nichts hilft?“ fragt Herr Hinterberger.
„Dann bringen Sie mir beim nächsten Mal eine Rolex mit!“

Patientin: „Herr Doktor, helfen Sie mir. Ich höre manchmal Stimmen, obwohl gar niemand in der Nähe ist.“
Arzt: „Soso. Und bei welcher Gelegenheit hören Sie diese Stimmen?“
Patientin: „Immer, wenn ich telefoniere.“

Eine Frau geht zum Psychiater. „Ich komme wegen meines Mannes“, erzählt sie. „Er bildet sich ein, ein Flugzeug zu sein!“
„Tja“, sagt der Doktor, „schwierig, schwierig, aber wir werden das schon hinkriegen. Ihr Mann soll doch einmal selber vorbeikommen!“
„Gut, das werde ich ihm sagen“, sagt die Frau. „Wo ist denn der nächste Flughafen?“

Patient: „Immer, wenn ich auf die Straße gehe, bekomme ich furchtbares Kopfweh!“
Arzt: „Kaufen Sie sich einen größeren Hut!“

Die Klosterschwester ist krank und läßt sich vom Arzt untersuchen.
„Nun“, fragt sie, „ist es gefährlich?“
„Ach nein“, sagt der Arzt, „alles halb so schlimm. In ein paar Tagen haben wir Sie wieder auf den Knien!“

Frau Vogel hat schwere Schlafstörungen. Der Arzt untersucht sie und sagt schließlich: „Ich verschreibe Ihnen mal Schlaftabletten für einen Monat.“
„Für einen Monat!“ ruft Frau Vogel entsetzt. „Aber so lange will ich doch gar nicht schlafen!“

Patient: „Herr Doktor, ist das eigentlich eine seltene Krankheit, die ich da habe?“
Arzt: „Nein, nein, ganz im Gegenteil!“
Patient: „Komisch. Ich kenne keinen einzigen. Wo sind denn diese Leute?“
Arzt: „Auf dem Friedhof!“

Klein Helmut ist beim Kinderarzt. Er kichert ununterbochen und kann sich einfach nicht einkriegen. Der Doktor kann ihn gar nicht untersuchen.
„Jetzt hör doch endlich auf!“ sagt der Arzt.

„Kann nicht!“ kichert Helmut, „ich, hehehe, muß einfach, hihihi, dauernd ...“
„Und seit wann geht das schon so?“ fragt der Arzt.
„Seit ich Ihre, hihihi, komische Perücke gesehen habe!“

Frau Brösel kommt zum Arzt. Sie redet und redet und redet und redet, und es wird immer unklarer, was sie eigentlich will. Nach zehn Minuten unterbricht sie der Arzt. „Jetzt sagen Sie mal, Frau Brösel, was führt Sie eigentlich zu mir?“
„Ich kann überhaupt nicht mehr schlafen“, klagt sie, „mein Mann spricht die ganze Nacht im Schlaf!“
„Mmh“, sagt der Arzt, „vielleicht sollten Sie ihn tagsüber öfter zu Wort kommen lassen?“

Ein Mann stürzt in höchster Aufregung in das Behandlungszimmer eines Psychiaters: „Ich habe nur mehr sechzig Sekunden zu leben!“ ruft er leichenblaß.
„Setzen Sie sich, ich komme sofort“, sagt der Arzt, „dauert nur eine Minute!“

Der Hinterbauer muß zum Arzt.
„Na, Hinterbauer“, sagt der Doktor, „Sie schauen mir aber nicht gerade gesund aus. Seit dem letzten Mal, als Sie da waren, ist nichts besser gewor-

den. Und jetzt haben Sie noch dazu überall blaue Flecken!"
„Das ist es ja, Herr Doktor", sagt der Hinterbauer, „dabei hab' ich genau das getan, was Sie mir gesagt haben. Jeden Tag bin ich mit den Hühnern ins Bett gegangen. Das hat mir gar nicht gutgetan."
„Ja und?"
„Na ja", sagt der Hinterbauer, „nach dem Einschlafen bin ich halt immer von der Stange gefallen!"

Beim Arzt. Der Doktor macht eine Röntgenaufnahme.
„Um Himmels willen, Herr Knolle", ruft er, „Sie haben ja einen Wecker im Magen. Haben Sie denn da keine Probleme?"
„Nur einmal alle zwei Jahre", sagt Herr Knolle.
„Einmal alle zwei Jahre?"
„Ja", sagt Herr Knolle, „beim Batteriewechseln!"

Frau Hömpel hat Schlafprobleme.
„Oft muß ich bis drei zählen, bis ich endlich einschlafen kann", jammert sie beim Arzt.
„Und dann können Sie schlafen?" meint der Arzt.
„Das ist doch prima!"
„Meinen Sie?" fragt Frau Hömpel. „Aber manchmal muß ich sogar bis halb vier zählen!"

Herr Knall hat Magenschmerzen und geht zum Arzt.
„Das kriegen wir bald wieder hin“, sagt der Arzt. „Kein Kaffee, nichts Fettes, keine scharfen Gewürze. Und vor jeder Mahlzeit nehmen Sie fünf Teelöffel von dieser Medizin.“
„Das geht nicht!“ ruft Herr Knall.
„Warum nicht?“
„Weil wir nur vier Teelöffel haben!“

Herr Doktor, Herr Doktor, kommen Sie schnell. Meine Frau hat ein Bein gebrochen!“
„Da sind Sie bei mir falsch. Ich bin Doktor der Musikwissenschaften.“
„Das macht nichts. Meine Frau hat ein Klavierbein gebrochen.“

Arzt: „Und diese Pillen nehmen Sie dreimal am Tag.“
Patient: „Sie verwirren mich, Herr Doktor. Wie kann man eine Pille öfter als einmal nehmen?“

Der Chirurg kommt von seinem Jagdurlaub in Afrika zurück.
„Wie war's?“ fragen ihn seine Kollegen.
„Miserabel“, brummt er enttäuscht. „Ich habe überhaupt nichts zur Strecke gebracht. Wenn ich dageblieben und gearbeitet hätte, wär's mir sicher besser gegangen.“

„Das ist zum Glück nichts Ernstes bei Ihnen“, sagt der Arzt nach der Untersuchung. „Sie brauchen bloß etwas Bewegung. Ich empfehle Ihnen, täglich fünf Kilometer zu Fuß zu gehen.“
„Unmöglich“, sagt der Patient, „das würde mich ganz schwindlig machen.“
„Wieso denn das?“
„Wissen Sie“, antwortet der Patient, „ich bin Leuchtturmwärter.“

Arzt: „Heute ist Ihr Husten schon viel besser als gestern!“
Patient: „Das will ich hoffen. Ich habe auch die ganze Nacht geübt.“

Der Arzt will dem Jungen eine Spritze verpassen, doch der heult auf wie ein Wolf.
„Ganz ruhig, mein Junge“, sagt der Arzt, „ich hab' dich doch noch gar nicht berührt!“
„Doch!“ schreit der Junge, „Sie stehen auf meinem Fuß!“

„Mein Arzt hat mir empfohlen, das Hochseesegeln, Drachenfliegen und Helikopter-Skifahren aufzugeben.“
„Aber warum denn das?“
„Damit ich seine Rechnung bezahlen kann.“

Anrufer: „Hier Knall. Herr Doktor, kommen Sie schnell, Lindenstraße 22!"
Arzt: „Was ist denn passiert?"
Anrufer: „Wir können nicht ins Haus!"
Arzt: „Das ist doch nicht mein Problem."
Anrufer: „Doch. Unser Baby hat den Schlüssel verschluckt."

Arzt: „Sie sind schwer erkältet. Sie müssen ein paar Tage jeden Zug vermeiden!"
Patient: „Aber mit dem Bus darf ich fahren?"

„Herr Doktor, es ist furchtbar", klagt der dicke Mann. „Ich schnarche so laut, daß ich mich dauernd selbst aufwecke. Was soll ich tun?"
„Wissen Sie was", sagt der Arzt, „schlafen Sie in einem anderen Zimmer!"

Karin ist plötzlich schlecht geworden. Sie muß zum Schularzt. Bei der Untersuchung heult sie fürchterlich.
„Ach komm, Kind", sagt der Arzt. „Ich tu' dir nichts. Ich nehme dir bloß den Puls."
„Aber den brauch' ich doch noch", schluchzt Karin.

Patient: „Ich hab' Probleme beim Atmen."
Arzt: „Wie unangenehm. Ich gebe Ihnen was, damit das endlich aufhört."

Karl ist wieder mal in eine Rauferei geraten. Jetzt kommt er mit einer Platzwunde am Kopf zum Arzt.
„Kein Problem", sagt der Arzt, „das flicke ich Ihnen mit ein paar Stichen zusammen."
„Fein", sagt Karl. „Und wenn Sie schon dabei sind, Herr Doktor – können Sie mir den Riß im Hemd auch schnell zusammennähen?"

Arzt: „Frau Brösel, Ihr Mann ist ernsthaft krank! Warum haben Sie mich nicht schon früher gerufen?"
Frau Brösel: „Ich wollte ihm noch eine Chance geben, gesund zu werden."

Der schlaflose Patient kommt schon wieder zum Arzt.
„Na, haben Sie meinen Rat befolgt und Schafe gezählt?"
„Habe ich, Herr Doktor."
„Und?" fragt der Arzt.
„Ich bin bis zwölftausenddreihunderteinundachtzig gekommen."
„Und dann sind Sie eingeschlafen?" fragt der Arzt.
„Nein", sagt der Patient, „dann war's Zeit zum Aufstehen."

„Ich wollte, die Menschen würden ohne Zähne auf die Welt kommen!“ seufzt der Mann beim Zahnarzt.
„Na ja“, sagt der Zahnarzt, „bei den meisten Leuten ist das auch der Fall.“

Patient: „Herr Doktor, ich habe ein Problem. Ich habe schon tagelang nicht mehr geschlafen.“
Arzt: „Dann schlafen Sie halt in der Nacht.“
Patient: „In der Nacht kann ich schon gar nicht schlafen. Das läßt meine Frau nicht zu.“
Arzt: „Aus welchem Grund?“
Patient: „Sie schickt mich dauernd zur Arbeit.“
Arzt: „Merkwürdig. Was sind Sie denn von Beruf?“
„Nachtwächter.“

Der Patient kommt lachend aus dem Behandlungszimmer des Zahnarztes.
„Darf ich fragen, warum Sie lachen“, erkundigt sich die Zahnarzthelferin.
„Hahaha“, prustet der Patient los. „Er hat mir einen Zahn gezogen.“
„Aber was ist denn daran so komisch?“
„Es war der falsche!“

Ein Mann mit Holzbein kommt zum Arzt.
„Herr Doktor, ich halt’s nicht mehr aus. Mein Holzbein verursacht mir solche Schmerzen!“

„Das gibt's doch nicht", brummt der Doktor.
„Und wann treten die Schmerzen auf?"
„Jedesmal, wenn mir meine Frau damit auf den Kopf haut!"

Der eingebildete Kranke bestellt schon mal einen Grabstein.
„Und welche Inschrift wünschen Sie?" fragt der Steinmetz.
„Schreiben Sie: ‚Ihr habt es mir ja nicht geglaubt!'"

„Herr Doktor", sagt der dicke Mann, „ich leide furchtbar unter Winden. Was soll ich bloß tun?"
„Machen Sie das Beste draus", sagt der Arzt, „lassen Sie Drachen steigen."

„Sie sind kerngesund", sagt der Arzt. „Sie können neunzig werden."
„Aber ich bin neunzig!"
„Na, was habe ich gesagt."

Frau Knall hat geschwollene Knie.
„Das kommt wahrscheinlich vom vielen Herumsitzen", sagt der Arzt, „am besten, Sie gehen einen Monat lang jeden Tag zehn Kilometer zu Fuß."
Einen Monat später ruft Frau Knall wieder an.
„Und wie geht es?"

„Schlecht“, sagt Frau Knall. „Ich hab’ noch immer dicke Knie.“
„Tja“, sagt der Arzt, „dann sollten wir uns Ihre Knie heute nachmittag noch einmal anschauen?“
„Unmöglich“, sagt Frau Knall.
„Wieso“, fragt der Arzt. „Wo sind Sie denn?“
„In Barcelona.“

Ein Mann kommt zum Arzt.
„Herr Doktor, ich habe ein Riesenproblem. Niemand nimmt Notiz von mir. Alle übersehen mich einfach.“
„Der nächste, bitte!“

Arzt: „Sie brauchen unbedingt eine Brille!“
Patient: „Aber ich trage doch eine Brille.“
Arzt: „Wenn das so ist, brauche ich unbedingt eine Brille.“

Arzt: „Hatten Sie das schon öfter?“
Patient: „Ja.“
Arzt: „Dann muß ich Ihnen eine traurige Mitteilung machen. Sie haben es schon wieder.“

Ein Patient kommt zum Arzt.
„Herr Doktor, ich habe das Gefühl, ein Löffel zu sein. Was soll ich bloß tun?“
„Jetzt setzen Sie sich erst mal hin“, sagt der Arzt, „und hören Sie endlich mit dem Umrühren auf.“

Ein Briefträger humpelt zum Doktor.
„Ein Hund hat mich ins Bein gebissen", erklärt er.
„Und haben Sie was darauf gegeben?" fragt der Arzt.
„Nein", sagt der Briefträger, „dem Hund hat es auch so geschmeckt."

„Herr Doktor", sagt der Patient, „ich habe mein Gedächtnis verloren."
„So was", sagt der Arzt, „und wann haben Sie es verloren?"
„Wann habe ich was verloren?"

Herr Liebermann geht zum Arzt. Ihm ist dauernd schwindlig, er vergißt alles, er hat keinen Appetit, dafür aber um so mehr Durst. Der Arzt untersucht ihn gründlich.
„Hm", brummt er, „für Sie wäre es am allerbesten, das Trinken aufzugeben."
„Ich glaube nicht", sagt Herr Liebermann, „daß einem wie mir das Allerbeste gebührt. Was ist das Zweitbeste?"

Tierisches

Klein Peter war das erste Mal im Zoo. Als er nach Hause kommt, will die Mutter wissen, wie es ihm denn gefallen hat.
„Super!“ meint Klein Peter begeistert. „Da rennen ja alle Schimpfwörter lebendig herum!“

In der Nacht hat der Fuchs sich aus dem Hühnerstall einige Hühner geholt. „Siehst du, Susi“, warnt die Mutter, „die waren nicht brav, und jetzt hat sie der Fuchs gefressen.“
„Und wenn sie brav gewesen wären, hätten wir sie gefressen“, antwortet Susi schlagfertig.

Es ist Sonntag. Die Mutter bereitet gerade das Mittagessen zu. Da stürmt sie plötzlich ins Wohnzimmer: „Etwas Furchtbares ist geschehen, die Katze hat meinen Braten gefressen!“
Beruhigt sie der Mann: „Nur keine Panik. Gib mir die Katze. Ich fahre sie schnell zum Tierarzt, der kann sie bestimmt noch retten!“

Familie Huber geht in den Zoo. „Was ist denn das für ein Tier?“ erkundigt sich Klein Georg. Vater Huber erklärt dem Sprößling: „Das ist ein Jaguar.“
„Aha“, sagt Georg, „und welches Baujahr?“

Familie Weber macht am Sonntag einen Ausflug in den Zoo. Jetzt stehen sie vor dem Elefantengehege. Die Kinder staunen über die Größe dieser Tiere. Schließlich sagt Klein Anton: „Du, Mami, wo kommen eigentlich die Elefantenbabys her? Erzähl mir aber bloß nicht, daß die auch der Storch bringt!“

Jürgen fragt den Vater, was denn eigentlich ein Reptil sei.
„Also“, erklärt der Vater, „ein Reptil kann nicht stehen und nicht gehen, das kriecht immer nur so auf der Erde herum.“
„Das ist aber lustig!“ ruft Jürgen. „Dann habe ich ein Reptil zur Schwester!“

Martin und Paul gehen am Hafen spazieren und schauen sich die tollen Segelschiffe an. Auf einer der Yachten steht ein merkwürdig aussehender Hund mit riesigen Segelohren und bellt sich die Seele aus dem Leib.
„Was ist denn das für ein komischer Hund?“ fragt Martin den Mann auf der Yacht.
„Blöde Frage, ein Yachthund natürlich!“

Heiner will Holger zu einem Zoobesuch überreden. „Komm doch mit, da gibt’s jetzt eine neue Riesenschlange zu sehen!“
Darauf Holger gelangweilt: „Da schau’ ich mir lieber im Garten mit der Lupe einen Regenwurm an.“

Eine alte Frau steht mit einem sehr, sehr kleinen Hund an der Straßenbahnhaltestelle. Plötzlich nähert sich das Hündchen einem großen, dicken Mann und hebt ein Hinterbein. Da springt der Mann erschrocken zur Seite.
„Keine Bange", beruhigt ihn Frauchen. „Der beißt nicht!"
„Das ist ja möglich", erklärt der Mann. „Aber als er das Bein gehoben hat, dachte ich, er wollte mich treten!"

Heiner fragt Holger: „Sag mal, weißt du eigentlich, wie man ein Känguruh fängt?"
„Nein", antwortet Holger ratlos.
„Das ist ganz einfach", sagt Heiner. „Man geht zu einem Känguruh und fragt es, ob es einen Hundertmarkschein wechseln kann. Sobald es mit den Pfoten in seinen Beutel greift, schnappt man zu!"

Sebastian geht im Park spazieren und bittet eine ältere Dame: „Würden Sie bitte einmal diesen Hund streicheln?"
„Aber sicher", antwortet die Frau, „du bist wohl recht stolz auf deinen schönen Hund!"
„Nein", antwortet Sebastian, „das ist nämlich gar nicht mein Hund. Ich wollte nur wissen, ob er beißt."

Der Vorderbauer hat wieder einmal ein Problem: Seine Kuh ist krank. Da geht er zum Hinterbauern und erkundigt sich: „Sag mal, Hinterbauer, deine Kuh war doch neulich auch krank. Was hast du ihr denn gegeben?“
„Ich habe ihr einen Schnaps gegeben!“ sagt der Hinterbauer.
Einige Tage darauf ist die Kuh des Vorderbauern tot. Betrübt geht er zum Hinterbauern und fragt ihn: „Sag mal, Hinterbauer, wie hat denn der Schnaps bei deiner kranken Kuh gewirkt?“
„Ja mei’“, sagt der Hinterbauer und zieht nachdenklich an seiner Pfeife. „Gestorben ist sie halt.“

„Verstehen Sie was von Papageien?“ will der Zoohändler vom neuen Verkäufer wissen.
„Ja doch“, antwortet dieser, „aber nur, wenn sie ganz langsam sprechen.“

Der Hinterbauer verkauft dem Vorderbauern ein Pferd. Nach einer Woche beschwert sich der Vorderbauer bitter: „Na, Hinterbauer, da hast du mich ja schön hereingelegt. Das Pferd, das du mir verkauft hast, ist gleich gestorben!“
„Komisch“, sagt der Hinterbauer. „Bei mir hat es das nie gemacht!“

Zwei Spatzen beobachten einen Düsenjäger am Himmel, der einen langen Kondensstreifen hinter

sich läßt. „Der ist aber schnell unterwegs!“ wundert sich der eine.
„Kein Wunder“, sagt der andere, „wenn ihm der Hintern brennt.“

Treffen sich zwei Biologen. Beide geben mit ihren großartigen Experimenten an. Sagt der eine zum anderen: „Stell dir vor, ich hab’ einen Igel mit einem Wurm gekreuzt und damit Stacheldraht erzeugt.“
Meint der andere geringschätzig: „Das ist noch gar nichts. Ich habe einen Briefkasten mit einem Schwein gekreuzt, und herausgekommen ist ein Sparschwein!“

Bei der Mordkommission läutet das Telefon: „Alarm! Alarm! Hier ist ein Einbruch begangen worden!“ meldet sich eine aufgeregte Stimme.
„Ja, was rufen Sie denn da bei uns an, für Einbrüche sind wir nicht zuständig, hier ist die Mordkommission!“
„Nein, nein, da bin ich schon richtig bei Ihnen“, erklärt nervös die Stimme. „Hier geht es um Leben und Tod. Der Einbrecher ist nämlich eine Katze, und ich bin der Papagei!“

Hundebesitzer unter sich.
„Stell dir vor, mein Hund kann reden!“ sagt der eine.

„Ich weiß“, erwidert der andere. „Das hat mir mein Hund schon mal erzählt!“

Die Besitzer zweier furchtbar scharfer Hunde unterhalten sich.
„Mein Bello ist so scharf“, sagt der eine, „daß er keinen Menschen an sich herankommen läßt.“
„Und mein Hasso ist so scharf“, sagt der andere, „daß er jeden Menschen an sich herankommen läßt. Dann kann er nämlich besser zubeißen.“

Auch Heiner hat einen unglaublich intelligenten Hund. „Mein Hasso ist so klug, der geht für mich sogar einkaufen. Wenn ich ihm eine Mark gebe, dann bringt er mir einen Schokoriegel.“
„Glaub' ich nicht!“ sagt Holger. „Das mußt du mir beweisen.“
Also machen sie die Probe aufs Exempel. Holger steckt dem Hund Geld zu, und Hasso läuft davon. Und kommt nicht zurück. Heiner und Holger warten und warten.
„Na, und wo ist dein gescheiter Hund jetzt?“ fragt Holger voller Schadenfreude.
„Tja“, sagt Heiner, „wieviel Geld hast du ihm denn gegeben?“
„Zehn Mark.“
„Ach, dann ist ja alles klar“, sagt Heiner. „Wenn man ihm zehn Mark gibt, geht er immer ins Kino!“

Und da waren noch die Herrchen zweier furchtbar kluger Hunde.
„Mein Waldi ist so klug“, sagt der eine, „daß er mir jeden Morgen die Zeitung bringt.“
„Ach, das macht mein Tasso auch“, meint der andere.
„Ja“, sagt der erste, „aber wir haben gar keine Zeitung abonniert!“

Detlef geht im Park spazieren. Kommt plötzlich ein Mann mit einem Hund vorbei. „Was ist denn das für ein Hund?“ will Detlef wissen.
„Das ist ein Polizeihund“, klärt der Mann Detlef auf.
„So sieht er aber gar nicht aus!“
„Und das ist auch gut so“, sagt der Mann. „Der Hund ist nämlich bei der Geheimpolizei!“

Herr Hömpel will sich einen Wachhund kaufen. Aber nicht irgendeinen, sondern einen wirklich erstklassigen Wachhund. Endlich hat er den richtigen gefunden: einen Hund, der früher schon mal Wachhund bei einem Millionär war.
Es dauert nicht lange, und bei Herrn Hömpel wird tatsächlich eingebrochen. Und der angeblich so tolle Wachhund hält still. Herr Hömpel ist außer sich vor Wut und macht dem Vorbesitzer die bittersten Vorwürfe:
„Sie haben mir den Hund als ausgezeichneten

Wachhund, angepriesen“, ruft Hömpel, „der sogar schon bei einem Millionär gearbeitet hat. Und jetzt sieht das blöde Tier einem Einbrecher bei der Arbeit zu!“
„Moment mal“, erkundigt sich der Vorbesitzer, „wieviel Geld ist Ihnen denn gestohlen worden?“
„Fünfhundert Mark!“ schreit Herr Hömpel verzweifelt.
„Mein lieber Herr“, sagt der Vorbesitzer, „ein Hund, der schon mal für einen Millionär gearbeitet hat, regt sich wegen fünfhundert Mark doch nicht auf!“

Frau Knoll geht in die Hundehandlung und will einen reinrassigen Pekinesen kaufen. „Was kostet der?“ will sie wissen.
„Tausend Mark“, sagt der Verkäufer.
„Und wie wär's mit der Hälfte?“ fragt Frau Knoll.
„Bedaure“, erklärt der Züchter, „ich verkaufe nur ganze Hunde!“

Ein Mann kommt in eine Tierhandlung und will einen Singvogel kaufen. Der Verkäufer empfiehlt ihm einen Kanarienvogel. Während der Kunde noch überlegt, bemerkt er, daß der Vogel nur ein Bein hat. „Na, hören Sie mal“, schimpft er, „das Tier hat ja nur ein Bein!“
„Ja was wollen Sie jetzt eigentlich“, sagt der Verkäufer, „einen Sänger oder einen Tänzer?“

„Meine Katze hat beim Singvogel-Wettbewerb den ersten Preis bekommen“, prahlt Georg.
„So ein Unsinn“, meint Thomas, „wie soll denn das möglich sein?“
„Ganz einfach“, sagt Georg, „meine Katze hat den Sieger aufgefressen!“

Herr Blümchen will sich mit seinem Hund die große Dinosaurier-Ausstellung ansehen. Aber es gibt Probleme. „Hunde dürfen da nicht hinein!“ sagt der Mann an der Kasse.
„Aber warum denn das?“ beschwert sich Herr Blümchen. „Mit meinem Hund war ich sogar schon im Zoo!“
„Das ist was anderes“, sagt der Mann an der Kasse. „Im Zoo liegen nicht so viele alte Knochen herum!“

Kommt ein Mann in eine Tierhandlung und interessiert sich für Papageien. „Da drüben“, sagt der Verkäufer, „hab' ich vielleicht etwas Interessantes für Sie.“ Er zeigt auf einen Käfig mit zwei Papageien. „Allerdings“, fügt er hinzu, „müssen Sie die Vögel zusammen kaufen.“
„Aber warum denn das?“ fragt der Kunde.
„Das ist nämlich so“, erklärt der Verkäufer, „der linke Papagei spricht nur französisch. Der andere ist der Übersetzer!“

Frau Bolle hat einen sprechenden Papagei gekauft. Inzwischen sind Wochen vergangen, und der Papagei hat noch immer kein Wort herausgebracht. Frau Bolle freilich gibt nicht so schnell auf. Sie übt. Immer wieder versucht sie es. „Hallo, hallo!“ sagt sie zum Papagei. „Hallo, hallo!“ Und eines Tages geschieht das Wunder. Der Papagei reißt den Schnabel auf und krächzt: „Besetzt!“

Unterhalten sich zwei Väter. Fragt der eine:
„Warum kann denn Ihr Sohn eigentlich noch nicht schwimmen?“
„Weil er einen Hund hat“, erklärt der andere.
„Ja und?“
„Na, ja, der Hund war früher bei der Wasserwacht.“
„Ja und, was hat das damit zu tun?“
„Jedesmal, wenn der Junge ins Wasser geht, holt ihn der Hund wieder raus.“

Ein Mann betritt eine Zoohandlung. „Was kann ich für Sie tun?“ erkundigt sich der Verkäufer.
„Ich möchte bitte einen Vogel kaufen, der schön singen kann.“
„Schauen Sie hierher“, führt der Verkäufer den Kunden zu einem Käfig, in dem zwei Vögel sitzen. Der eine Vogel singt ganz herrlich. Der andere sitzt bloß da.

„Den Sänger möchte ich haben!“ meint der Kunde begeistert.
„Tut mir leid“, sagt da der Verkäufer, „die zwei kann ich nur gemeinsam verkaufen.“
„Ja, aber warum denn das?“ wundert sich der Kunde.
„Der andere ist der Komponist!“

Im Auktionshaus wird auch ein großer, prächtiger Papagei versteigert. „500 Mark zum ersten, zum ...“
„600 Mark“, ertönt eine Stimme.
„600 Mark zum ersten , zum ...“
„700 Mark“, ruft die Stimme.
800 ... 900 ...1000 Mark, so geht es weiter. Schließlich ersteht ein älterer Herr den Papagei um 2000 Mark und darf ihn gleich abholen.
„Na, hoffentlich kann er auch sprechen!“ sagt der stolze Besitzer.
„Klar“, sagt der Papagei, „oder wer, glaubst du, hat den Preis so hochgetrieben?“

Robert geht mit seinem Brüderchen im Wald spazieren. Plötzlich entdeckt der Kleine eine Ringelnatter und ruft: „Schau doch, da wedelt ein Schwanz ohne Hund!“

Der Tiergarten muß sparen. Als der alte Schimpanse stirbt, wird kein neues Tier angeschafft.

Statt dessen muß der Wärter stundenweise in ein Affenfell schlüpfen und den Schimpansen markieren. Das geht lange gut. Doch eines Tages bekommt der falsche Affe einen fürchterlichen Schrecken: Ein Löwe ist am Affenkäfig. Starr vor Schrecken bleibt der Wärter im Affenfell sitzen. Der Löwe kommt näher und näher. Und noch näher. Und flüstert: „Bekommst du auch 20 Mark die Stunde?"

Der Zirkus ist in der Stadt. Da kommt der Zirkusdirektor auf die Polizeistation: „Bitte, bitte, Sie müssen uns helfen", ruft er, „unsere Giraffe ist durchgebrannt!"
„Giraffe", brummt der Polizist und spannt ein Blatt Papier in die Schreibmaschine, „und? Irgendwelche besonderen Kennzeichen?"

Herr Brause möchte unbedingt einen Papagei kaufen. Sprechen soll er natürlich auch können. Er geht in die Zoohandlung und läßt sich einige Vögel zeigen. Ein Papagei ist besonders schön.
„Na", fragt ihn Herr Brause, „kannst du auch sprechen?"
„Na", sagt der Papagei, „kannst du auch zahlen?"

Eine Maus und ein Elefant spielen miteinander Ball. Es geht ziemlich heiß her. Plötzlich tritt der Elefant der Maus versehentlich auf den Fuß.

„Tut mir schrecklich leid!“ entschuldigt sich der Elefant.
„Macht doch nichts“, gibt sich die Maus großherzig, „das kann einem jeden passieren!“

Zwei Hundebesitzer unterhalten sich. Fragt der eine: „Mag Ihr Hund denn Kinder?“
„Ich hab’s noch nicht probiert“, meint der andere, „aber ich glaube, Hundefutter ist ihm lieber!“

Treffen sich zwei Hundebesitzer beim Spazierengehen.
„Hat Ihr Waldi eigentlich einen Stammbaum?“ fragt der eine.
„Ach nee“, meint der andere, „mein Waldi ist nicht so wählerisch!“

Lehrer: „Sag mal, Inge, zu welcher Familie gehört der Haifisch?
Inge: „Ich kenne keine Familie, der ein Haifisch gehört!“

Der Breitmaulfrosch braucht einen neuen Paß und soll sich fotografieren lassen.
„Ich weiß nicht,“ sagt der Fotograf, „aber dein Maul macht mir Probleme. Das krieg’ ich so schlecht drauf. Weißt du, was wir machen? Bevor ich knipse, gebe ich dir ein Zeichen, und du sagst einfach Konfitüüüüre!“

Der Breitmaulfrosch ist einverstanden. Er wirft sich in Pose. Der Fotograf gibt sein Zeichen, und der Breitmaulfrosch sagt: „Marmelaaaade!“

Fragt ein Tausendfüßler den anderen: „Wo ist denn Ihre Frau, die habe ich schon ewig nicht mehr gesehen!“
„Ach“, sagt der andere, „die ist bloß Schuhe kaufen gegangen.“

Die Holzwurmmutter ist ungehalten: „Kommt endlich zu Tisch“, ruft sie ihren Kindern zu, „sonst wird das Essen morsch!“

Zwei Hühner stehen vor der Auslage eines Haushaltswarengeschäfts. „Sieh mal“, sagt das eine Huhn und zeigt auf die Eierbecher, „was die für super Kinderwagen haben!“

Heiner will einen Papagei kaufen.
„Da haben Sie aber großes Glück“, sagt der Verkäufer in der Tierhandlung, „ich kann Ihnen ein wirkliches Prachtexemplar anbieten.“
Und tatsächlich, da steht ein prächtiger großer gelbgrüner Papagei. An jedem Bein ist eine Schnur befestigt.
„Schauen Sie“, sagt der Verkäufer und zeigt auf die Schnur am rechten Bein, „wenn Sie hier anziehen, sagt er guten Morgen! Und wenn Sie

links zupfen, dann sagt er: ‚Gute Nacht, träume süß!‘“
„Und was passiert, wenn ich an beiden Schnüren gleichzeitig ziehe?“
„Trottel!“ kreischt der Papagei. „Dann fall’ ich auf die Schnauze.“

Zwei Glühwürmchen treffen sich. Klagt das eine Glühwürmchen: „Du, ich muß unbedingt zum Arzt, ich habe mir den Mund furchtbar verbrannt.“
„Ja wie ist denn das passiert?“
„Ich habe einen Zigarettenstummel geküßt.“

Vier Mäuse leben in einer Wohngemeinschaft.
„Wer hat meine Kartoffelchips verdrückt?“ schimpft die eine.
„Wer hat meinen Schnaps getrunken?“ beschwert sich die zweite.
„Wer hat meinen Plattenspieler kaputtgemacht?“ ruft die dritte.
Da tanzt die vierte Maus ins Zimmer: „Schmatz – hicks – tscha-tscha-tscha, schmatz – hicks – tscha-tscha-tscha ...“

Eine Maus und ein Elefant sind gute Freunde. Sie wandern gemeinsam durch die Wüste. Die Maus hat es gut. Sie geht im Schatten des Elefanten.

Da bekommt die Maus plötzlich ein schlechtes Gewissen.
„Wenn es dir zu heiß wird“, sagt sie zum Elefanten, „können wir auch mal Seiten tauschen!“

Was für ein Pech. Dem Großwildjäger ist die Munition ausgegangen – und ausgerechnet jetzt taucht ein riesiger Löwe vor ihm auf. Eine ausweglose Situation. Verzweifelt fällt der Mann auf die Knie und beginnt inbrünstig zu beten.
Der Löwe beobachtet das Häufchen Elend eine Weile. Dann legt er sich nieder und faltet ebenfalls die Tatzen.
Der Jäger ist erleichtert. Ihm fällt ein Stein vom Herzen. Sein Gebet wurde tatsächlich erhört. Er ist gerettet!
Doch da hört er, was der Löwe betet.
„Komm, Herr Jesus, sei unser Gast, und segne, was du uns bescheret hast!“

Familie Frosch macht einen Ausflug. Da taucht plötzlich ein Storch auf und bedroht die kleinen Frösche.
„Wau, wau! Wau, wau!“ bellt die Froschmutter los. Der Storch räumt in Panik das Feld.
„Seht Ihr, Kinder“, sagt Mutter Frosch, „wie gut es ist, wenn man Fremdsprachen beherrscht!“

„Jetzt habt Ihr schon wieder ins Nest gemacht“, schimpft die Taubenmutter, „könnt Ihr denn nicht brav aufs Denkmal gehen!“

„Und wie hat dir der erste Ausflug gefallen?“ fragt die Mottenmutter. „Toll“, antwortet das Mottenkind, „als mich die Leute sahen, haben sie alle vor Begeisterung in die Hände geklatscht!“

Ein Schwein spaziert durch die Wohnung. Da entdeckt es in der Wand eine Steckdose.
„Um Himmels willen“, quiekt das Schwein entsetzt, „haben sie dich lebendig eingemauert?“

Der Kakadu beschwert sich bitter:
„Nun bin ich schon über zweihundert Jahre alt, und alle sagen zu mir noch immer Kakadu anstatt Kakasie!“

Bolles gehen mit ihrem Hund spazieren. Da kommt Herr Knall vorbei. „Jetzt sagen Sie mal“, sagt Herr Knall, „warum wedelt Ihr Hund denn so komisch?“
„Wieso komisch?“
„Na“, sagt Herr Knall, „nicht von links nach rechts, sondern von oben nach unten.“
„Ach so!“ sagt Frau Bolle. „Wissen Sie, unsere Wohnung ist ziemlich klein. Da hat sich unser Waldi schon gut angepaßt.“

Sagt die eine Maus zur anderen: „Menschen sind viel blöder als Mäuse!“
„Wie kommst du da drauf?“ fragt die andere.
„Die sind blöd genug, um Bomben zu bauen. Keine Maus käme auf die Idee, eine Mausefalle zu bauen!“

„Mir ist so furchtbar kalt!“ quengelt das Eisbärkind.
„Ach was“, sagt die Eisbärmutter, „führ dich nicht so auf, wir sind doch schließlich Eisbären!“
„Eisbär hin, Eisbär her“, sagt der kleine Eisbär, „mich friert's trotzdem!“

Fliegenvater und Fliegensohn marschieren über eine Glatze.
„Wie doch die Zeit vergeht!“ sagt der Fliegenvater. „Als ich ein Kind war, gab es hier nur einen schmalen Trampelpfad!“

Sagt der Glühwürmchenarzt zu einem Glühwürmchenmann: „Tut mir furchtbar leid. Ihrer Frau konnten wir nicht mehr helfen.“
„Was war es denn?“
„Es war ein Kurzschluß!“

Eine Katze betritt ein Lokal und setzt sich an die Bar: „Einen doppelten Schnaps, bitte!“ bestellt sie.

„Katzen bekommen bei uns keinen Alkohol!“ fährt sie der Mann hinter der Theke an.
„Schade“, seufzt die Katze, „und ich hab’ mich schon so auf den Kater gefreut!“

Ein arroganter Pekinese stolziert durch die Stadt. Das ärgert einen Windhund, der vom vierten Stock einer Wohnung auf die Straße hinunterschaut.
„Spring doch herunter, du feiger Hund!“ stänkert der Pekinese.
„Das hättest du gern“, meint der Windhund, „damit ich dann auch so ausschaue wie du!“

Das Igelkind hat seine Mutter verloren. Jetzt irrt es im Gewächshaus herum. Armes Kleines! Jedesmal wenn es an einem Kaktus anstößt, fragt es: „Bist du’s, Mami?“

Der hungrige Tiger begegnet einem Ritter in voller Rüstung.
„Verdammt“, sagt der Tiger, „jetzt hab’ ich den Dosenöffner vergessen!“

Ein Nerz kommt in den Himmel. Petrus begrüßt ihn und sagt:
„Weil man auf der Erde aus dir einen Nerzmantel gemacht hat, darfst du dir jetzt etwas wünschen.“

„Ich möchte einen dicken, weichen Frauenmantel!“

Das Löwenkind steht vor seinem ersten Zirkusauftritt.
„Ich mag es nicht“, schluchzt das Kleine, „wenn mich die Leute so anstarren!“
„Mach dir keine Sorgen“, sagt die Mutter, „die sitzen doch alle hinter Gittern!“

Die Schneckenmutter ermahnt die Schneckenkinder: „Jetzt dürft ihr nicht auf der Straße spielen, in fünf Stunden kommt der Bus!“

Im tiefsten Winter kriecht eine Schnecke auf einen Kirschbaum. „Was willst du jetzt im Winter auf dem Kirschbaum?“ fragt ein Vogel.
„Kirschen essen!“ sagt die Schnecke.
„Aber jetzt gibt's doch keine Kirschen!“ sagt der Vogel.
„Jetzt nicht“, sagt die Schnecke, „aber bis ich oben bin, schon!“

Beklagt sich ein Tausendfüßler beim anderen: „Ich möchte auch so gerne einmal zum Eislaufen gehen.“
„Und warum tust du es nicht?“
„Bis ich die Schlittschuhe anhabe, ist es wieder Sommer!“

„Mami“, fragt das Tausendfüßlerkind, „was ist eigentlich ein Mensch?“
„Ein Mensch“, sagt die Tausendfüßlermutter, „das ist ein Lebewesen mit 998 Füßen zu wenig.“

Eine Fliege düst ganz knapp am Spinnennetz vorbei. „Morgen erwisch’ ich dich!“ zischt die Spinne.
„Denkste“, ruft die Fliege schadenfroh, „ich bin eine Eintagsfliege!“

Zwei Flöhe beim Pferderennen. Einer setzt tatsächlich auf das richtige Pferd und gewinnt ein Vermögen. „Was machst du jetzt mit dem ganzen Geld?“ will der zweite Floh wissen.
„Ich kauf’ mir einen Hund für mich ganz allein!“

Der Zoodirektor ist gestorben. Die Tiere beraten, wer zur Beerdigung gehen soll. Langes Hin und Her, aber irgend jemand muß ja schließlich hingehen. Meldet sich ein Affe: „Das sollen die Pinguine mache, die haben schon das Richtige an!“

„Mein Onkel hat eine führende Stellung im Zirkus!“
„Toll! Und was macht er?“
„Er führt die Elefanten rein.“

Familie Meier hat einen kleinen Hund gekauft. Die Kinder sind begeistert und bringen ihm allerhand bei.
Aufgeregt berichten sie schließlich der Mutter: „Mami, der Hund kann ein neues Kunststück: Er steht auf drei Beinen und hält sich mit dem vierten am Wohnzimmersofa fest!“

Ein riesiger Gorilla läuft durch den Urwald. Auf einer Lichtung trifft er auf eine Gazelle.
„Wer ist der Herr und Meister des Dschungels?“ brüllt der Gorilla.
„Du bist es!“ sagt die Gazelle. Zufrieden läuft der Gorilla weiter. Am Fluß trifft er auf ein Zebra.
„Wer ist der Herr und Meister des Dschungels?“ brüllt der Gorilla.
„Du bist es!“ antwortet das Zebra. Zufrieden läuft der Gorilla weiter. Dann trifft er auf einen Elefanten.
„Wer ist der Herr und Meister des Dschungels?“ brüllt der Gorilla.
Da packt der Elefant den Gorilla, wirft ihn hoch in die Luft und zieht weiter. Nach einer Weile steht der Gorilla wieder auf, klopft sich den Staub aus dem Fell und sagt:
„Kein Grund, so böse zu sein, bloß weil er die Antwort nicht weiß!“

„Also, die wirklich gemeinsten Biester von ganz Afrika sind die riesigen Dschungelmoskitos“, erzählt der Weltreisende.
„Wieso?“ fragt ein Zuhörer. „Sind sie so wild?“
„Im Gegenteil“, sagt der Afrikareisende, „sie fressen einem aus der Hand.“

„Hab’ ich dir eigentlich schon mal erzählt“, fragt Heiner, „wie ich diesem Gorilla Aug in Aug gegenübergestanden bin?“
„Nein“, sagt Holger gespannt. „Schieß los!“
„Also“, erzählt Heiner, „der Bursche war fast drei Meter groß. Arme wie Holzstämme, einen Brustkorb wie ein Faß, ein Gebiß wie eine Messerfabrik. Er steht mir genau gegenüber und starrt mich mit kleinen, funkelnden Augen an. Und ich habe kein Gewehr mit.“
„Und dann“, fragt Holger, atemlos vor Spannung.
„Dann kommt das Biest näher. Er brüllt und trommelt sich auf die Brust. Ich rieche seinen heißen Atem.“
„Und dann?“ fragt Holger. „Was hast du dann gemacht?“
„Tja“, sagt Heiner, „dann bin ich rüber zum Bärengehege gegangen.“

Ein Mann kommt völlig verzweifelt zum Arzt. „Herr Doktor“, sagt er, „ich habe mein Krokodil verschluckt, und das liegt mir jetzt im Magen.“

Der Arzt versucht ihn zu überzeugen, daß das alles nur Einbildung sei. Doch der Patient läßt sich von seiner fixen Idee nicht abbringen. „Es ist zwei Meter lang“, jammert er, „und es hat eine riesige Schnauze und ganz böse Augen!“
„Wissen Sie was“, sagt der Arzt, „morgen operiere ich Ihnen das Krokodil aus dem Bauch.“ Der Patient ist zufrieden, und der Arzt kauft ein zwei Meter langes grünes Plüschkrokodil mit riesiger Schnauze und ganz bösen Augen.
Am nächsten Tag bekommt der Patient seine Narkose. Als er wieder aufwacht, sagt der Arzt: „Die Operation ist gelungen. Sehen Sie, hier haben wir das Krokodil!“
Der Patient starrt das Krokodil an, dann den Arzt, dann das Krokodil, und dann sagt er: „Sie machen wohl Witze. Mein Krokodil ist himmelblau!“

Was ist der beste Weg, einem Ungeheuer zu entkommen?
Der Fluchtweg.

„Mami, Mami, was ist eigentlich ein Werwolf?“
„Sei still, Kleines, und kämm dir die Schnauze.“

Ein Texaner ist zu Besuch bei seinem Vetter in Australien. Der führt ihn auf seiner Farm herum und zeigt ihm zuerst die Kühe. „Ach was“, sagt

der Texaner, „bei uns in Texas sind die Schweine so groß wie bei euch die Kühe."
Er zeigt ihm die Schafe. „Ach was", sagt der Texaner, „bei uns sind die Katzen so groß wie bei euch die Schafe."
Und dann hüpft ein Känguruh vorbei. „Alle Achtung", sagt der Texaner und kratzt sich am Kopf, „aber eure Heuschrecken sind ganz schön groß!"

„Guck mal, Mami", sagte die kleine Sardine, als ein Unterseeboot vorbeischwamm. „Eine Menschendose!"

Zwei Katzen sitzen vor einem Vogelkäfig.
„Der ist ja grün!" sagt die eine Katze. „Das ist gar kein Kanarienvogel."
„Da wär' ich mir nicht so sicher", sagt die andere. „Vielleicht ist er einfach noch nicht reif."

Was ist das: Es ist schwarz und weiß und schwarz und weiß und schwarz und weiß?
Ein Pinguin, der einen Hügel runterrollt.

Der Gast ruft empört den Kellner.
„In meiner Suppe schwimmt eine Fliege!"
„Regen Sie sich doch nicht auf", meint der Kellner. „Die Spinne im Brotkorb wird sie gleich schnappen."

Ein Krokodil kommt in ein sehr feines Restaurant und bestellt ein Himbeertörtchen. „Macht 17 Mark“, sagt der Kellner und kassiert. Während er das Wechselgeld herauskramt, sagt er: „Wissen Sie, zu uns kommen eigentlich nicht sehr viele Krokodile.“
„Erstaunt mich gar nicht“, sagt das Krokodil. „Bei diesen Preisen!“

Der Briefträger hat Angst. Am Gartenzaun springt ein riesiger Hund hoch und bellt wie verrückt.
„Kommen Sie doch herein“, ruft die Hausfrau, „Sie müssen sich nicht fürchten. Sie kennen doch das alte Sprichwort ‚Bellende Hund beißen nicht!‘ “
Der Briefträger zögert trotzdem. „Ich kenne das alte Sprichwort“, sagt er. „Die Frage ist: Kennt auch der Hund das alte Sprichwort?“

Was folgte auf Diplodocus?
Sein Schwanz.

Die beiden Ungeheuer gehen mit ihren Jagdhunden auf Entenjagd. Erfolglos. Die Enten fliegen über ihre Köpfe hinweg. Die beiden Ungeheuer denken scharf nach.
„Ich glaube, ich weiß, was wir falsch machen“, sagt das eine Ungeheuer nach einer Weile.

„Was denn?“ fragt das andere.
„Ich glaube, wir werfen die Hunde nicht hoch genug hinauf!“

Ein Wanderer kommt an einer Pferdekoppel vorbei und sieht ein Pferd. Aber was für eins! Ein klappriger Gaul mit Ohren, die traurig zu Boden hängen, und mit einem Schweif, der nur noch aus drei oder vier Haaren besteht. Die Rippen stehen aus dem mottenzerfressenen Fell, die Knie sind geschwollen, der Rücken hängt durch.
Erstaunt bleibt er stehen. Da macht das Pferd sein Maul auf, zeigt seine Zahnlücken und sagt: „Ich weiß, was du denkst. Ich seh’ dir’s an. Du denkst, daß du noch nie zuvor einen so klapprigen, traurigen, dürren Gaul gesehen hast. Vielleicht hast du recht. Ich bin sehr alt. Aber früher hättest du mich sehen sollen. Wie bin ich da galoppiert. Ich habe den Großen Preis von Deutschland gewonnen. Das mag ja sehr lange hersein, aber damals war ich Sieger! Im Großen Preis von Deutschland!“
Das Pferd wendet sich ab und grast weiter. Der Mann traut seinen Augen nicht. Er bleibt stehen, aber das Pferd bleibt stumm. Endlich geht der Wanderer weiter. Unten an der Straße steht ein Bauer und dengelt seine Sense.
„Wissen Sie, was mir passiert ist“, sagt der Wanderer, „da drüben steht doch dieser alte Gaul. Ob

Sie's glauben oder nicht – der hat mit mir geredet!"
„Ach", sagt der alte Mann. „Und was hat er gesagt?"
„Und jetzt kommt's", sagt der Wanderer, „der hat mir erzählt, daß er früher ein Galopprennpferd war. Daß er den Großen Preis von Deutschland gewonnen hat!"
„Dieser alte Lügner!" ruft der alte Mann. „Der hat nie den Großen Preis gewonnen. Er wurde bloß immer zweiter."

Ein wirklich sehr häßlicher Mann schlendert durch die Kunstgalerie und besieht sich ein Bild nach dem anderen. Dann bleibt er stehen und wendet sich an einen Aufseher.
„Dieses hier", sagt er hochtrabend, „ist sicherlich das, was man heutzutage moderne Kunst nennt."
„Nein, mein Herr", sagt der Aufseher. „Das ist das, was man heutzutage einen Spiegel nennt."

Ein Mann kommt aufs Fundamt. In einem Sack hat er eine tote Katze.
„Die habe ich in meinem Garten gefunden", sagt er.
„Schön", sagt der Beamte. „Wenn innerhalb eines halben Jahres niemand Ansprüche anmeldet, gehört sie Ihnen."

Was sieht wie ein Grizzlybär aus, ist aber gar keiner?
Das Foto von einem Grizzlybären.

Max: „Wie alt ist eigentlich dein Bruder?“
Frank: „Ein Jahr.“
Max: „Ein Jahr? Komisch. Meine Katze ist auch ein Jahr alt, aber die kann schon viel besser laufen als dein Bruder.“
Frank: „Kein Wunder. Sie hat auch doppelt so viele Beine.“

Im Naturkundemuseum. Der kleine Hannes steht verwundert vor einer Glasvitrine mit einem ausgestopften Wolf.
„Ich möchte bloß wissen“, sagt er, „wie sie den geschossen haben, ohne das Glas kaputtzumachen?“

Warum dürfen Elefanten nicht radfahren?
Weil sie keinen Daumen zum Klingeln haben.

Bei welchen Hunden stehen die Augen ganz eng beisammen?
Bei ganz kleinen Hunden.

Woran erkennt man, daß die Katze im Kühlschrank war?
An den Haaren in der Butter.

„Jedesmal, wenn meine Katze ins Wasser fällt, bekommt sie was.“
„Was denn?“
„Einen Schnupfen!“

Ein Hundebesitzer sitzt betrübt auf einer Parkbank.
„Sehen Sie meinen Ajax dort drüben?“ sagt er zum Nachbarn. „Mit dem habe ich neulich an einem Wettbewerb teilgenommen.“
„Und?“ fragt der Nachbar.
„Und den ersten Preis gewonnen.“
„Das ist ja toll!“ ruft der Banknachbar. „Da müssen Sie sich ja sehr gefreut haben!“
„Eigentlich nicht“, klagt der Hundebesitzer. „Ich hätte es lieber gehabt, daß mein Ajax gewinnt.“

Ein Mann hatte Mäuse im Haus, und die wollte er loswerden.
Also lief er in den nächsten Laden und kam mit einer Mausefalle zurück. Leider hatte er keinen Käse zu Hause. Da schnitt er aus einem Magazin ein Bild mit einem Stück Käse aus und legte das Bild in die Falle.
Am nächsten Morgen guckte er nach. Das Bild mit dem Käse war verschwunden. In der Falle lag ein Bild von einer Maus.

Heiner: „Angenommen, du liegst nachts im Bett und du hörst eine Maus in der Küche quietschen. Was würdest du tun?"
Holger: „Weiterschlafen. Oder glaubst du, ich stehe mitten in der Nacht auf, bloß um eine Maus zu ölen?"

Ein Mann beschwert sich im Zooladen:
„Diese Falle haben Sie mir gestern verkauft. Sie hatten mir versichert, sie sei gut für Mäuse. Aber keine einzige Maus ist in die Falle gegangen."
„Na, sehen Sie", sagt der Verkäufer, „ist doch gut für Mäuse."

Was hat zwölf Beine, drei Schwänze und sieht nichts?
Drei blinde Mäuse.

Ein Mann stürzt in den Zooladen.
„Geben Sie mir eine Mausefalle", ruft er. „Aber schnell, ich muß den Zug noch erwischen!"
„Tut mir leid", sagt der Verkäufer, „so große haben wir nicht."

Hier ein kleines Katz-und-Maus-und-Käse-Rätsel:
Ein Mann hat ein Problem. Er hat eine Katze, eine Maus und einen großen Laib Käse. Und die will er unversehrt mit dem Ruderboot über den

Fluß bringen. Aber alle zusammen sind zu schwer für das Schiffchen. Er muß sie getrennt hinüberbringen. Wie soll er das anstellen, ohne daß die Katze die Maus frißt oder die Maus den Käse anknabbert?
Plötzlich fällt ihm die Lösung ein. Was muß er tun?
Zuerst nimmt er die Maus, fährt mit ihr über den Fluß und läßt sie am anderen Ufer. Er fährt allein zurück, nimmt die Katze und fährt mit ihr nach drüben. Dort läßt er die Katze am Ufer sitzen und nimmt die Maus wieder mit nach drüben. Hier setzt er die Maus ab und rudert mit dem Käse nach drüben. Jetzt muß er nur noch zurückfahren, um die Maus zu holen.

Die Kinder stehen rund um ein Kätzchen und reden wild durcheinander. Da kommt die Mutter. Sie will wissen, was die Kinder da machen.
„Wir erzählen uns Lügengeschichten“, sagen die Kinder. „Und wer am besten schwindeln kann, dem gehört das Kätzchen.“
„Unerhört!“ ruft die Mutter. „Als ich so klein war wie ihr, habe ich nicht im Traum daran gedacht, jemanden anzuschwindeln!“
„Herzlichen Glückwunsch“, rufen die Kinder. „Das Kätzchen gehört dir!“

Was sagte der Hund, als ihn die Katze kratzte?
Gar nichts sagte er. Hunde können nicht sprechen.

Das Kabarett hat eine neue Attraktion: einen Mann, der mit Hund und Katze auftritt. Der Hund spielt Klavier, und die Katze singt dazu. Eine wirklich großartige Sache! Das Publikum rast vor Begeisterung.
Nach dem Auftritt stürzt der Direktor in die Kabine.
„Hören Sie, das war einfach toll!" ruft er. „Ich gebe Ihnen sofort einen Dreijahresvertrag!"
„Na ja", meint der Mann, „das ist ja sehr nett. Aber Sie müssen wissen, so gut sind wir auch wieder nicht."
„Doch!" sagt der Direktor. „Das ist wirklich einmalig. Ein Hund, der Klavier spielt, und eine Katze, die dazu singt!"
Der Mann fühlt sich offensichtlich gar nicht wohl bei so viel Lob.
„Um mal ganz ehrlich zu sein", flüstert er, „wir schwindeln auch ein wenig dabei. Die Katze kann gar nicht singen. Der Hund ist nämlich ein Bauchredner."

Was bekommt man, wenn man einen Hund und eine Katze kreuzt?
Ein Tier, das sich selbst auf den Baum jagt.

Der eine Nachbar hat einen Schäferhund, der andere eine Katze. Trotzdem kommen sie gut miteinander aus. Bis eines Tages der Katzenbesitzer beim Hundebesitzer anklopft.
„Es tut mir schrecklich leid", sagt er, „aber ich fürchte, meine Katze hat ihren Hund erwürgt."
„Du lieber Himmel", stöhnt der Hundebesitzer, „wie kann denn so was passieren? Wie konnte nur Ihre kleine Katze meinen großen Hund erwürgen?"
„Tja", sagte der Katzenbesitzer, „Ihr Hund wollte meine Katze auffressen, und da ist sie ihm im Hals steckengeblieben."

Bello: „Sag mal, hast du eigentlich dieses Gewitter heute nacht mitbekommen?"
Waldi: „Klar doch!"
Bello: „Und warum hast du mich dann nicht aufgeweckt? Wo du doch weißt, daß ich bei Gewitter nicht schlafen kann!"

Ein Mann kommt zum Psychiater.
„Herr Doktor, helfen Sie mir", bettelt er. „Was soll ich bloß tun. Ich komme einfach nicht los vom Gedanken, daß ich in Wirklichkeit eine Katze bin!"
„Hmm", brummt der Psychiater, „und seit wann leiden Sie unter dieser Vorstellung?"
„Seit ich ein Kätzchen war!"

„Tja“, sagt der Psychiater, „Sie sind also davon überzeugt, eine Katze zu sein. Wissen Sie was, legen Sie sich doch mal auf die Couch.“
„Das geht nicht“, sagt der Patient.
„Wieso denn nicht?“
„Katzen dürfen nicht auf die Couch!“

Wie bringt man eine Katze dazu, zehn Meter weit zu tauchen?
Man nimmt sie in einem Unterseeboot mit.

Ohne anzuklopfen, stürzt ein Mann in die Arztordination.
„Mich hat ein verrückter Hund gebissen“, ruft er. „Ich glaube, ich habe Tollwut. Geben Sie mir schnell Papier und Bleistift!“
„Nur mit der Ruhe“, sagt der Arzt. „Ich glaube, es ist ein wenig voreilig, deshalb gleich das Testament zu machen.“
„Darum geht's auch gar nicht“, sagt der Mann. „Ich brauche eine Liste der Leute, die ich noch schnell beißen möchte.“

„Glaubst du, daß es bald regnen wird?“
„Hängt ganz vom Wetter ab!“

Wann ist ein Bär so schnell wie ein Zug?
Wenn er drinnen sitzt.

Am Straßenrand sitzt ein kleiner Junge und weint bitterlich. Eine Dame tröstet ihn.
„Na komm, mein Junge", sagt sie, „was ist denn los. Was heulst du denn so?"
„Ich habe gestern mein Kätzchen verkauft und mir mit dem Geld einen Eislutscher geholt!"
„Ach, das ist ja schrecklich", sagt die Dame mitfühlend. „Und jetzt bereust du, was du getan hast."
„Ja", heult der Junge. „Hätte ich es bloß nicht getan! Dann könnte ich jetzt mein Kätzchen verkaufen und mir mit dem Geld einen Eislutscher holen!"

Verkäuferin in der Konditorei: „Ich kann Ihnen diesen Pflaumenkuchen wärmstens empfehlen."
Kunde: „Ich weiß nicht. Der sieht aus, als hätten Mäuse dran rumgenagt."
Verkäuferin: „Unmöglich. Die Katze war die ganze Nacht drauf gelegen."

Brösel ist zu Gast bei Familie Knolle. Zum Nachtisch gibt es Schokoladencreme. Doch Brösel kann es nicht so recht genießen.
„Sagen Sie, Frau Knolle", sagt er beunruhigt, „weshalb starrt mich denn Ihr Hund so an?"
„Ach, das hat nichts weiter zu bedeuten", meint Frau Knolle. „Er mag es bloß nicht, wenn Fremde aus seiner Schüssel essen."

„Ich habe das klügste Kaninchen auf der ganzen Welt“, sagt Susi. „Mein Hasi kann sogar rechnen.“
„Das ist ja unglaublich!“ ruft Heidi.
„Doch!“ sagt Susi. „Neulich habe ich mit ihm gerechnet. ‚Wenn du fünfzehn Möhren hast‘, habe ich zu Hasi gesagt, ‚und wenn du zuerst zehn Möhren und dann fünf Möhren frißt, was bleibt dann übrig‘, habe ich ihn gefragt. Und weißt du, was Hasi gesagt hat?“
„Keine Ahnung!“ sagt Heidi.
„Nichts hat er gesagt!“

Jochen jammert: „Meine Katze ist mir entlaufen. Meine Pussi. Meine schöne Katze. Meine liebe, goldige Pussikatze. Meine gute ...“
„Ach hör doch auf zu jammern!“ unterbricht ihn Max. „Setz doch lieber eine Anzeige in die Zeitung.“
„Willst du mich auf den Arm nehmen?“ ruft Jochen. „Meine Pussi kann doch nicht lesen!“

„Gestern ist meine Katze von einer zehn Meter hohen Leiter gefallen“, erzählt Heiner.
„Du lieber Himmel!“ ruft Holger. „Hat sie sich weh getan?“
„Aber nein“, sagt Heiner. „Sie war bloß einen Meter hoch oben.“

Eine Gruppe von Touristen fährt im Bus durch den Safaripark. Ein Rudel Löwen guckt interessiert zu.
Meint ein Löwe zum anderen: „Findest du's nicht auch schrecklich, wie sie die Leute in Käfigen transportieren?“

Da war dann noch dieser besonders dumme Löwe, der den ganzen Tag an einem Knochen herumnagte. Als er aufstand, hatte er nur noch drei Beine.

Was machst du, wenn dir ein ausgewachsener Grizzlybär den Ball stiehlt?
Einen neuen kaufen.

Was bekommt man, wenn man ein Krokodil mit einem Specht kreuzt?
Ein Krokodil, das anklopft, bevor es dich frißt.

Wenn ein richtig großer, wilder Löwe ins Kino geht, wo darf er sich dann hinsetzen?
Wo er will.

Was sagte das alte Krokodil, als ein paar Jäger in einem Jeep vorbeifuhren?
Wie aufmerksam. Essen auf Rädern.

Im Tiergarten hatten sie zwölf Waschbären. Alle bis auf drei konnten entkommen. Wie viele sind noch da?
Drei.

Susi: „Mein Vater ist Tierarzt im Zoo."
Heidi: „Wie aufregend. Und wie behandelt er die Löwen?"
Susi: „Mit dem größten Respekt."

Wie spricht man am besten mit einem menschenfressenden Tiger?
Telefonisch.

Ein Elefant wäre beinahe auf eine Maus getreten. „Meine Güte", sagt der Elefant, „was bist du aber auch klein."
„Ich weiß", sagt die Maus, „aber du mußt wissen, ich war auch lange krank."

Baron von Steindumm, ein ehemaliger Großwildjäger, berichtet von seinen Abenteuern.
„Am schlimmsten aber", sagt er, „waren diese Grönlandtiger!"
„Es gibt aber gar keine Löwen in Grönland", wendet ein Zuhörer ein.
„Wohl wahr", sagt der Baron grimmig, „jetzt nicht mehr."

Ein Mann mit einem Löwen an der Leine spaziert durch die Stadt. Ein Polizist hält ihn auf. „Das können Sie doch nicht machen, mit einem Löwen in den Straßen herumlaufen", sagt der Polizist. „Sie sollten lieber in den Zoo gehen mit ihm!"
„Gute Idee!" erwidert der Mann. „Wird gemacht."
Am nächsten Tag spaziert derselbe Mann mit demselben Löwen durch dieselbe Straße. Der Polizist ist verblüfft. „Wollten Sie mit dem Löwen nicht in den Tiergarten?"
„Waren wir auch", erwidert der Mann, „und es hat ihm gut gefallen. Aber heute gehen wir lieber ins Kino."

Ein Löwendompteur zum anderen: „Jetzt bin ich schon so lange im Geschäft. Aber wenn ich meinen Kopf in den Löwenrachen stecke, habe ich immer noch Angst."
„Kann ich gut verstehen", sagt der andere. „Ich fürchte mich auch im Dunkeln."

Heiner: „Und da ritt ich also dahin, vor mir Elefanten, hinter mir Löwen, und dann ..."
Holger: „Und dann, was?"
Heiner: „Und dann war die Ringelspielfahrt zu Ende."

Warum ist ein Tiger groß und wild und gestreift? Wenn er klein und wild und gestreift wäre, dann wäre er eine Wespe.

Der Raubtierdompteur wird vom Löwen gebissen und ins Krankenhaus eingeliefert. Es geht ihm schon wieder gut. Ein Reporter fragt ihn:
„War das ihr erster Unfall?“
„Das war kein Unfall!“ knurrt der Dompteur. „Das Biest hat absichtlich zugebissen!“

Eine ältere Dame betritt eine Tierhandlung. Sie will ein neues Kuschelkörbchen für ihr Kätzchen kaufen.
„Wie groß soll das Körbchen sein?“ fragt der Verkäufer.
„Tja“, sagt die alte Dame, „weiß ich nicht.“
„Na, dann messen sie doch das alte Körbchen ab!“
„Das kann ich nicht machen“, sagt die Dame, „es soll nämlich eine Geburtstagsüberraschung sein.“

Zwei Hunde treffen sich.
„Wuff, wuff“, sagt der eine.
„Miau“, sagt der andere.
„Was meinst du mit miau?“ fragt der eine Hund.
„Ach“, sagt der andere, „ich lerne Fremdsprachen.“

Die Kinder müssen als Hausaufgabe einen Aufsatz zum Thema „Meine Katze" schreiben.
„Eva", schimpft die Lehrerin am nächsten Tag, „dein Aufsatz ist ja genau derselbe wie der Aufsatz deiner Schwester!"
„Das ging gar nicht anders", sagt Eva. „Es ist ja auch dieselbe Katze."

Der kleine Ralf will eine streunende Katze nach Hause bringen. Doch die Mutter ist streng dagegen.
„Daß du mir die Katze ja nicht in die Wohnung bringst", schärft sie Ralf ein. „Sie ist nämlich voller Flöhe."
Ralf läuft raus und sagt zur Katze: „Tut mir leid, aber du darfst nicht in die Wohnung. Sie ist nämlich voller Flöhe."

Susi: „Kann eine Katze höher springen als ein Haus?"
Heidi: „Nie im Leben!"
Susi: „Doch kann sie. Ein Haus kann nämlich überhaupt nicht springen!"

Ein Mann sitzt schluchzend und total aufgelöst auf einer Parkbank.
„Was ist denn passiert", fragt der Banknachbar mitfühlend. „Kann ich Ihnen helfen?"
„Mir kann niemand helfen. Ich war Direktor von

einem Flohzirkus, und jetzt bin ich pleite. Und schuld war nur dieser blöde Hund!"
„Welcher blöde Hund?"
„Er ist vorbeigekommen und hat mir die Show gestohlen!"

Zwei Katzen unterhalten sich.
„Meine Güte", sagt die erste Katze, „haben Sie diesen scheußlichen alten Kater da drüben gesehen? Mit der gemeinen Visage? Das ist ja wirklich ein brutal häßliches Vieh!"
„Wenn es Ihnen nichts ausmacht", beschwert sich die zweite Katze, „das ist mein Mann!"
„Oh, das tut mir aber leid", erwidert die erste Katze völlig verstört.
„Ihnen tut's leid!" ruft die andere. „Was glauben Sie, wie leid es erst mir tut."

Ein Mann mit einer Katze im Arm geht die Straße runter.
Ruft ein anderer von der gegenüberliegenden Straßenseite: „He, wohin willst du denn mit diesem Schwein!"
„Das ist kein Schwein", ruft der Mann mit der Katze, „das ist eine Katze."
„Ach, halt doch du die Schnauze", schreit der andere. „Mit dir rede ich nicht. Ich rede mit der Katze."

Susi sitzt vor dem Kamin und streichelt das Kätzchen. Da fängt die Katze an zu schnurren. Susi zuckt zurück. „Komm schnell, Mami“, ruft sie, „das Kätzchen kocht schon!“

Fred trifft seinen alten Freund Richard.
„Ich hab’ gehört, du bist in eine neue Wohngemeinschaft übersiedelt“, sagt Fred. „Wie geht’s denn so?“
„Na ja“, sagt Richard, „nicht schlecht. Nur eins finde ich gar nicht gut. Die halten in der Küche drei Schweine. Was glaubst du, wie das stinkt!“
„Ist ja ein Ding!“ ruft Fred. „Schweine in der Küche! Da mußt du ja dauernd das Fenster aufreißen!“
„Geht leider nicht“, sagt Richard. „Da würden mir sofort alle Hühner abhauen!“

Freitag abend im Dschungelstadion. Die Elefanten spielen ein Fußballmatch gegen die Insekten. Nach der ersten Hälfte liegen die Elefanten mit 27 zu 0 vorne. Doch in der zweiten Halbzeit wendet sich das Blatt. Nun betritt der Tausendfüßler das Feld, und unaufhaltsam stürmt er über das Feld, dribbelt, spielt die Elefanten aus und schießt ein Tor nach dem anderen. Am Ende steht es 27 zu 28 für die Insekten.
„Was ich nicht verstehe“, sagt der Trainer der Elefanten zum Trainer der Insekten nach dem

Schlußpfiff, „was ich nicht verstehe, warum ihr den Tausendfüßler nicht schon in der ersten Halbzeit spielen lassen habt."
„Wollten wir auch", sagt der Insektentrainer, „aber der Kerl braucht immer eine Stunde, bis er seine Fußballstiefel anhat."

„Herr Doktor, ich bin Ihnen ja so dankbar. Ich hatte mir eingebildet, ein Hund zu sein, und Sie haben mich geheilt!"
„Das freut mich aber sehr", sagt der Arzt. „Und Sie sind wirklich gesund?"
„Natürlich! Fassen Sie mal meine Nase an: Kalt und feucht!"

„Zu Hause haben wir eine echte Wildkatze", erzählt Udo.
„Seit wann denn?" fragt Heike.
„Seit gestern", sagt Udo, „da bin ich ihr auf den Schwanz getreten."

„Mami", ruft die kleine Giraffe, die in eine Pfütze gestiegen ist, „ich habe mir die Füße naß gemacht. Bekomme ich jetzt Halsschmerzen?"
„Tja", sagt Mama Giraffe, „in einer Woche wissen wir's."

Im Stall. Der Esel ist wirklich ein Angeber. „Wenn man mich an einem fünf Meter langen

Seil anbindet“, sagt er, „und zehn Meter weiter weg einen Eimer mit Haferflocken hinstellt, dann komm’ ich trotzdem leicht an die Haferflocken ran.“
„Blödsinn!“ ruft das Pferd. „Wie soll denn das gehen?“
„Ganz einfach“, sagt der Esel. „Man darf halt das Seil nirgendwo sonst festmachen.“

Heiner guckt aus dem Fenster auf die Straße runter und sagt: „Ich glaube, ein Elefant wird gleich zu Besuch kommen.“
„Wie kommst du drauf?“ fragt Holger.
„Sein Dreirad steht schon vor der Tür.“

„Unser Hund frißt kein Fleisch“, erzählt Heiner.
„Wie macht ihr denn das?“
„Ganz einfach“, sagt Heiner. „Wir geben ihm keins.“

Herr Knall führt seinen Hund aus, läßt ihn von der Leine und setzt sich auf eine Parkbank. Stürmt der Parkwächter auf ihn zu.
„He, Sie“, ruft er, „fangen Sie ihren Hund ein. Der jagt einen Mann mit einem Fahrrad durch den ganzen Park.“
„Unsinn“, sagt Herr Knall. „Mein Hund hat gar kein Fahrrad.“

Der Autofahrer klopft bei Frau Knall an die Tür. „Es tut mir furchtbar leid“, sagt er kleinlaut, „aber ich fürchte, ich habe Ihre Katze überfahren. Ich werde sie natürlich ersetzen.“
„Ach“, sagt Frau Knall, „Sie können Mäuse fangen?“

Heiner: „Mein Onkel ist Bauer. Neulich hat er seine Henne versehentlich mit Sägemehl gefüttert. Das Huhn legte trotzdem zehn Eier.“
Holger: „Und dann?“
Heiner: „Neun Küken hatten ein Holzbein, und das zehnte wurde ein Specht.“

Herr Knall will seinem Hund das Tanzen beibringen. Das Wohnzimmer ist leergeräumt, und Herr Knall sitzt am Klavier. Aber der Hund begreift einfach nicht. Dauernd stolpert er.
Herr Knall versucht es noch einmal. „Und eins und zwei und ... Meine Güte, bist du vielleicht ungeschickt!“
„Was soll ich machen“, sagt der Hund, „ich habe zwei linke Beine.“

Der neue Briefträger ruft über den Zaun: „Sagen Sie, beißt Ihr Hund eigentlich fremde Leute?“
„Nein“, ruft Frau Brösel, „nur wenn er sie nicht kennt.“

Brösels Hund muß geimpft werden. Der Tierarzt füllt den Impfpaß aus.
„Wie heißt der Hund?“ fragt er.
„Wissen wir nicht“, sagt Herr Brösel.
„Wieso wissen Sie das nicht?“ fragt der Tierarzt erstaunt.
„Er sagt es uns einfach nicht!“

Tauchkurs im Roten Meer. Der Tauchlehrer schwimmt nah an einen Hai heran, haut ihm eins auf die Nase und schwimmt zur Gruppe zurück.
„Lieber Himmel“, sagt ein Tauchschüler anschließend, „Sie trauen sich ja was!“
„Ach, der tut einem nichts“, sagt der Tauchlehrer. „Der hat neulich einen Schlüsselbund verschluckt. Und jetzt hat er Kiefersperre.“

Mama Sardine schreibt an den Schulrat. „Es tut mir leid, aber ich kann meinen Kleinen nicht in die Schule schicken. Der Weg ist zu weit.“
Der Schulrat schreibt zurück. „Vielen Dank für Ihren Brief. Wir haben über Ihr Anliegen beraten. Ihr Kleiner wird ab morgen von einem Octobus abgeholt.“

Unser Waldi ist schon fast wie ein Familienmitglied“, sagt Frau Brösel.
„Interessant“, sagt Frau Knall. „Wie welches?“

Heiner: „Und das hier ist mein neuer Hund. Er heißt Boxer.“
Holger: „Komischer Name für einen Dackel. Warum heißt er denn so?“
Heiner: „Wenn die Glocke an der Tür läutet, läuft er in die nächste Ecke.“

In der Reitschule. Der Schüler verlangt ein besonders freundliches Pferd.
„Haben wir“, sagt der Reitlehrer. „Das ist Horst. Den kann ich aber nicht empfehlen.“
Der Reitschüler will trotzdem mit Horst reiten. Nach einer Weile kommt er humpelnd zurück und jammert: „Und dieses Pferd nennen Sie freundlich!“
„Sicher“, meint der Reitlehrer. „Unser Horst bleibt vor jedem Hindernis stehen und läßt dem Reiter den Vortritt.“

„Diese Kuh ist mein bestes Stück im Stall“, sagt der Hinterhuberbauer. „Sie macht sich ihre eigene Butter.“
„Wie geht denn das?“ fragt der Vorderhuberbauer.
„Sie hat dauernd Schluckauf.“

Der Bauer treibt seine Kuh aus dem Stall. Da kommt er zu einer niedrigen Unterführung. Er schaut die Kuh an, dann die Unterführung, dann

die Kuh, und dann nimmt er Hammer und Meißel aus dem Sack und fängt an, Ziegel an der Decke abzustemmen.
Kommt ein Polzist und sagt: „Was, zum Teufel, machst du denn da?“
„Die Kuh geht nicht durch“, antwortet der Bauer, „ich muß was abstemmen.“
„Das ist aber verboten“, sagt der Polizist. „Warum gräbst du nicht einfach den Boden auf?“
„Aber Herr Inspektor“, erklärt der Bauer, „sehen Sie denn nicht – die Hörner sind zu lang, nicht die Beine!“

Familie Knolle wandert durch die Wiesen. Sie kommen auf eine Weide mit einem Pony.
„Vati, was passiert, wenn ich das Pony stehle?“ fragt die kleine Sophie.
„Aber Kleines, ins Gefängnis würdest du kommen!“
„Vati“, fragt Sophie weiter, „und wenn ich dann im Gefängnis sitze, wirst du das Pony dann auch füttern?“

„Na, Hinterbauer“, ruft der Vorderbauer, „hat dir deine neue Vogelscheuche was genützt?“
„Und wie!“ sagt der Hinterbauer. „Die Vögel haben jetzt so Angst, daß sie die Sachen freiwillig zurückbringen.“

Heiner: „Hast du gewußt, daß man vier Schafe braucht, um einen Pullover zu bekommen?"
Holger: „Komisch. Ich wußte gar nicht, daß Schafe stricken können."

„Verdammt", ruft die Giftschlange, „mit mir geht's zu Ende!"
„Warum sagst du das", fragt die andere Giftschlange.
„Weil ich mich in die Zunge gebissen habe."

Ein Elefant geht in einen Schuhladen und verlangt zwei Paar Filzpantoffeln.
„Wozu brauchen Sie die?" fragt der Verkäufer.
„Damit ich mich besser an die Mäuse anschleichen kann!"

Hochsaison am Wörthersee. Zwei Löwen spazieren durch das Strandbad.
„Komisch", sagt der eine.
„Was?"
„So eine Hitze, und alles so ruhig."

Heiner: „Mein neuer Hund folgt mir aufs Wort!"
Holger: „Tatsächlich?"
Heiner: „Tatsächlich. Wenn ich sage: ‚Bello, kommst du jetzt sofort her – oder nicht!', dann kommt er sofort her – oder nicht."

Ein Schotte in der Tierhandlung.
„Bitte geben Sie mir einen Sporen."
„Sie meinen wohl, ein Paar Sporen", sagt der Verkäufer.
„Ich meine, einen Sporen", erwidert der Kunde. „Wenn ich das Pferd auf der einen Seite zum Laufen bringe, muß die andere sowieso mit."

Ein Mann fährt mit einem Eselkarren die Straße entlang. Es geht furchtbar langsam dahin. Da kommen sie zufällig beim Tierarzt vorbei. Der Mann läutet den Tierarzt heraus und schildert ihm sein Problem.
„Das haben wir gleich", sagt der Tierarzt und gibt dem Esel eine Tablette. Der schluckt sie hinunter, und im nächsten Augenblick rast er mit dem Karren die Straße hinunter.
„Toll!" staunt der Mann. „Was kostet das?"
„Zwanzig Mark", antwortet der Tierarzt.
„Schön", sagt der Mann. „Und jetzt geben Sie mir was für vierzig Mark, damit ich den Esel wieder erwische."

Die kleine Verena war zum erstenmal im Tiergarten. Sie ist schwer beeindruckt und erzählt ihrer Freundin:
„Stell dir vor, was die Elefanten machen. Die sammeln Erdnüsse mit ihrem Staubsauger auf!"

„Man sieht es ihm nicht an, aber unser Waldi ist ein toller Wachhund“, erzählt Udo. „Neulich hat meine Mami den Einkaufskorb vor dem Haus vergessen. Und da hat unser Waldi verhindert, daß jemand die Wurst rausstiehlt.“
„Toll“, staunt Elke, „und wie hat er das gemacht?“
„Er hat sie selber gefressen.“

Verrückte Sachen

Dicke Luft bei Einbrecher-Ede. Ede junior hat gerade das Zeugnis nach Hause gebracht. Der Vater starrt es wütend an und holt tief Luft. „Eine Eins in Betragen!“ brüllt er. „Unverschämt! Wenn du so weitermachst, wird nie etwas aus dir!“
Kleinlaut gelobt Ede junior Besserung. Doch dem Vater reichen leere Versprechungen nicht. Er denkt nach. „Hör mal“, sagt er, „ich mache dir folgendes Angebot. Wenn du das nächste Mal im Zeugnis in Betragen eine richtig schöne schlechte Note bekommst, darfst du dir ein neues Fahrrad klauen!“

„Ich kann alle Vögel imitieren“, erklärt der junge Artist dem Zirkusdirektor. „Darf ich bei Ihnen arbeiten?“
„Ach“, entgegnet der Zirkusdirektor gelangweilt. „Vogelimitator! Das ist doch ein alter Hut.“
„Wie Sie meinen“, erwidert der Artist, breitet die Arme aus und fliegt davon.

Der Zirkus ist in der Stadt. Ein junger Mann klopft am Wagen des Direktors an. Er sucht einen Job als Artist.
„Was haben Sie denn zu bieten?“ fragt der Zirkusdirektor.
„Ich kann aus 50 Metern Höhe in eine Bierflasche springen!“ erklärt der junge Mann stolz.

Der Zirkusdirektor ist verblüfft. „Aber da ist doch bestimmt ein Trick dabei?"
„Na ja, das schon", gibt der Artist zu.
„Raus mit der Sprache", sagt der Direktor. „Mit welchem Trick arbeiten Sie?"
„Tja", meint der junge Mann, „ich benütze einen Trichter."

Im Kaffeehaus. Eine Frau bestellt einen Kakao. Sie hat es offensichtlich eilig und zahlt sofort. Sie trinkt rasch den Kakao, verspeist dazu auch noch die Serviette, den Löffel und die Tasse und verläßt das Lokal. Zurück auf dem Tisch bleibt nur noch die Untertasse.
Die Kellnerin schüttelt verwundert den Kopf.
„Verstehen Sie das?" fragt sie die Frau am Nachbartisch.
„Nein", erwidert diese, „versteh' ich nicht. Wie kann man ausgerechnet das Beste stehenlassen!"

Im Zugabteil. Ein Mann holt plötzlich eine Tüte voller Äpfel hervor, salzt einen Apfel nach dem anderen gründlich ein und wirft ihn dann zum Fenster hinaus.
„Ja, was machen denn Sie da für einen Unsinn?" fragt erschrocken eine Mitreisende.
„Was regen Sie sich denn auf, gnädige Frau", beruhigt der Mann. „Ich kann gesalzene Äpfel nun einmal nicht ausstehen!"

Drei Riesen fahren mit dem Rad durch die Gegend. Ruft plötzlich einer: „He, haltet doch mal an, ich glaub', mir ist eine Ente ins Auge geflogen!"

Zwei Hundebesitzer unterhalten sich. Sagt der eine: „Mein Bello macht mir Riesenprobleme. Immerzu jagt er Autos nach!"
„Aber das machen doch viele Hunde", bemerkt der andere.
„Das schon, aber mein Bello fängt die Autos und verscharrt sie im Garten!"

Ein Roboter betritt die Eisenwarenhandlung und verlangt Wellblech. „Wozu brauchen Sie denn das?" will der Verkäufer wissen.
„Meine Freundin", sagt der Roboter, „will sich einen Faltenrock schweißen!"

Zwei Glühbirnen streiten, daß die Gläser klirren. Sagt die eine zur anderen: „Sieht ganz so aus, als hättest du die Fassung verloren!"

Im Restaurant. Der Gast wundert sich. Denn draußen vor dem Lokal sammeln sich immer mehr Menschen an. „Was ist denn los?" fragt er den Kellner. Der wundert sich über die Frage. „Sie hatten doch einen Auflauf bestellt, oder?"

„Wir haben jetzt in der Firma einen Neuen, der macht die Arbeit von dreien, so intelligent ist der!“ erzählt Helmut seiner Frau.
„Er arbeitet für drei?“ fragt die Frau. „Und das nennst du intelligent?“

Fritz ist völlig am Ende. „Bei der furchtbaren Luft in unserer Stadt“, klärt er seinen Freund Peter auf, „kann ich keine Nacht mehr schlafen!“
„Hast du Atembeschwerden?“ erkundigt sich Peter.
„Ich nicht, aber die Vögel. Die sitzen auf dem Fensterbrett und husten wie verrückt!“

„Hast du Schweinebauch?“ erkundigt sich Karl-Otto telefonisch beim Metzger.
„Ja.“
„Hast du auch Schweineohren?“
„Sicher.“
„Da mußt du aber furchtbar aussehen!“

Es ist Adventszeit. Ein Schotte zündet vor dem Spiegel eine Kerze an und ruft seine Familie: „Kommt, setzt euch, macht es euch gemütlich, wir feiern den zweiten Advent!“

Große Aufregung im Altersheim: Der Hutschenreiter-Opa feiert heute seinen hundertfünften Geburtstag. Zeitungsleute sind auch da. Ein Repor-

ter interviewt den rüstigen Jubilar. „Und worauf führen Sie Ihre Gesundheit und Ihr hohes Alter zurück?“
„Dazu kann ich im Moment gar nichts sagen“, bedauert der Hutschenreiter-Opa. „Ich verhandle noch mit einer Milch-, einer Marmeladen- und einer Brotfirma!“

Der Besitzer eines New Yorker Luxushotels ist vielfacher Millionär. Eines Tages besucht er sein Hotel und macht einen Rundgang durchs ganze Haus. Zuletzt kommt er in die Küche. „Kopf hoch“, sagt er und klopft dem Tellerwäscher auf die Schulter, „wir sind im Land der unbegrenzten Möglichkeiten. Ich habe auch einmal als Tellerwäscher angefangen!“
„Wie schön für Sie“, antwortet der Tellerwäscher deprimiert. „Bei mir liegt der Fall anders. Ich habe als Millionär angefangen.“

Treffen sich zwei Aufschneider. Sagt der eine: „Mein Vater hat das Loch gegraben, in dem jetzt der Bodensee ist!“
Darauf der andere: „Mein Vater war derjenige, der das Tote Meer erschlagen hat!“

Zwei Jungen, ein Engländer und ein Amerikaner, besuchen die gleiche Klasse. Mittlerweile sind sie dicke Freunde. Aber das Angeben kön-

nen sie noch immer nicht lassen. Sagt der Engländer zu seinem Freund: „Königin Elisabeth schlug einen Vorfahren von mir mit dem Schwert und machte ihn so zum Ritter!"
„Das ist doch gar nichts", entgegnet da der Amerikaner. „Ein Indianer schlug einen Vorfahren von mir mit dem Tomahawk und machte ihn damit zum Engel!"

„Wie um alles in der Welt kamen Sie auf die Idee, dieses Fahrrad zu stehlen?" will der Richter vom Angeklagten wissen.
„Was heißt hier stehlen?" verteidigt sich der Beschuldigte. „Das Rad stand beim Friedhof. Und da mußte ich natürlich annehmen, daß der Besitzer verstorben war!"

Otto hat wieder einmal etwas ausgefressen. Jetzt hat er unheimliche Angst davor, für lange Zeit hinter Gitter zu müssen. Er sucht einen sehr bekannten und sehr teuren Anwalt auf. „Sie müssen unbedingt verhindern, daß die mich ein paar Jahre ins Gefängnis stecken", bettelt Otto. Und macht dann noch ein Angebot. „Wenn Sie es schaffen, daß ich nur zwei Monate bekomme, kriegen Sie ein Extrahonorar von 10 000 Mark!"
Der Anwalt nimmt an.
Endlich ist es soweit. Der Tag der entscheidenden Gerichtsverhandlung ist gekommen. Otto ist

fürchterlich nervös. Die Verhandlung dauert ewig. Schließlich erhält Otto tatsächlich zwei Monate. Er ist überglücklich und umarmt den Anwalt.
„Das war aber wirklich nicht leicht“, sagt der Anwalt. „Mein Honorar habe ich mir redlich verdient. Die wollten dich doch glatt freisprechen!“

Der Zirkusdirektor hat eine Anzeige in der Zeitung aufgegeben: „Suche neue Artisten!“ Er kann sich der vielen Angebote kaum erwehren. Ein Artist meldet sich telefonisch und scheint besonders von sich überzeugt zu sein. „Also gut, junger Mann“, meint der Zirkusdirektor, „sagen Sie mir einmal, was Sie so alles zu bieten haben!“
„Ich kann singen, Klavier spielen und radfahren“, antwortet der Bewerber.
„Aber das ist doch viel zu wenig, das kann doch jeder!“ sagt der Direktor.
„Und Purzelbäume schlagen“, sagt der Anrufer.
„Zu wenig, zu wenig!“ ruft der Direktor ins Telefon.
„Posaune spielen kann ich auch noch“, fügt der Bewerber kleinlaut hinzu.
„Ich weiß nicht, was daran so besonderes sein soll“, meint der Direktor. „Alles viel zu wenig!“
Da reißt dem Anrufer die Geduld: „Ja, verdammt noch einmal, was wollen Sie denn von einem Wildschwein eigentlich noch alles verlangen!“

Eine ältere Dame steht vor der Eingangstür eines riesigen Wohnblocks. Sie hat Mühe, die vielen Namen auf dem Türschild zu entziffern. Da kommt jemand aus der Tür.
„Entschuldigen Sie bitte“, sagt die Dame, „wohnt in diesem Haus ein gewisser Vogel?“
„Ja, im fünften Stock, er heißt Fink.“

Zwei Ehefrauen unterhalten sich über ihre Ehemänner. Die eine sagt: „Also, wissen Sie, mein Mann ist schon eigen. Der steigt immer mit einem kleinen Segelschiffchen in die Badewanne. Das beunruhigt mich ziemlich.“
„Ach was“, sagt die andere, „irgendeine Marotte hat doch schließlich jeder.“
„Ja schon, aber bevor er ins Badezimmer geht, ruft er bei der Seewetterwarte an und läßt sich den Sturmbericht durchgeben!“

Der Polizist kommt gerade beim Waldsee vorbei. Da sieht er jemanden im Wasser planschen und wild um sich schlagen. „He Sie“, ruft er, „haben Sie denn keine Augen im Kopf, da steht doch groß: ‚Baden verboten!‘“
„Ich bade nicht“, antwortet der Mann mit letzter Kraft, „ich ertrinke!“
„Ach so, na, das ist natürlich was anderes“, sagt der Polizist erleichtert und setzt seinen Rundgang fort.

Es ist November geworden und eiskalt. Alle Spaziergänger im Park sind dick vermummt wie Eskimos. Doch am Teich zieht sich plötzlich ein Mann aus, hängt seine Kleider sorgfältig auf einen Baum und zieht sich die Badehose an und steigt ins Wasser. „Was, um diese Zeit wollen Sie noch baden gehen?“ ruft ein vorbeikommender Spaziergänger entsetzt.
„Was soll denn das heißen ‚um diese Zeit‘?“ wundert sich der Schwimmer. „Es ist doch gerade erst zwei Uhr!“

Ede stürmt die Bank. „Hände hoch, oder ich schieße!“ Er fordert den Kassier auf, die mitgebrachte Plastiktüte mit Geld zu füllen. Ohne Widerrede stopft der Beamte einen Tausender nach dem anderen in die Tüte. Ede packt die Tüte, doch der Kassier hält sie zurück.
„Also, wissen Sie“, sagt er, „ich an Ihrer Stelle würde nicht mit so viel Bargeld herumspazieren. Eröffnen Sie doch ein Konto bei uns!“

Hochbetrieb auf der Bank. Ein Mann kommt zum Schalter und fragt den Bankbeamten: „Ach, könnten Sie mir bitte einen Gefallen tun?“
„Wenn's irgendwie geht, natürlich gerne“, meint dieser.
„Dann geben Sie mir doch für diesen Tausendmarkschein 20 Hundertmarkscheine.“

„zehn Hundertmarkscheine meinen Sie wohl“, korrigiert der Schalterbeamte freundlich. „Wieso“, meint der Kunde, „dann wär’s doch kein Gefallen!“

Friedrich Fett ist völlig betrunken. Er findet nicht mehr nach Hause. Schließlich landet er bei einer Litfaßsäule. Er tastet sich mühsam um die Säule. Rundherum und nochmals rundherum. Schließlich bricht er verzweifelt zusammen. „Entsetzlich!“ stöhnt er. „Bei lebendigem Leibe eingemauert!“

Holger und Heiner machen wieder einmal einen drauf. Nach dem siebten Pils wird Holger plötzlich still und starrt Heiner an.
„Was is’n los mit dir?“ fragt Heiner.
„Du, ich glaub’, du solltest jetzt nichts mehr trinken.“
„Warum denn nicht?“
„Dein Gesicht“, sagt Holger, „dein Gesicht ist schon ganz verschwommen!“

Frau Brösel macht Shopping in der Stadt. In der Fußgängerzone steht ein Bettler mit einem Schild ‚blind‘ und hält seinen Hut auf.
„Hier haben Sie eine Mark“, sagt Frau Brösel großherzig und wirft ein Fünfzigpfennigstück in den Hut.

„Aber das sind doch nur fünfzig Pfennig!" ruft der Bettler.
„Sie Schwindler", sagt Frau Brösel entrüstet, „Sie sind ja gar nicht blind!"
„Ich bin kein Schwindler!" antwortet der Bettler. „Ich vertrete den Blinden!"
„Ach so", sagt Frau Brösel beruhigt. „Und wo ist dann der Blinde?"
„Der ist ins Kino gegangen!"

Im wildesten Wilden Westen. Ein Cowboy stürzt in den Saloon und brüllt: „Welcher Idiot hat denn mein Pferd da draußen grün angestrichen?"
Da erhebt sich an einem Tisch ein Bär von einem Mann. Der Cowboy wird leichenblaß. „Ah – ach", stottert er, „was ich sagen wollte, die Farbe ist jetzt trocken. Sie können mit dem Lackieren anfangen!"

In einem üblen Viertel einer Großstadt. Kommt ein Mann in eine leere Bar, sieht sich um und bemerkt großspurig: „Ist denn in diesem Saftladen überhaupt nichts los?"
„Im Augenblick nicht", sagt der Mann hinter der Theke. „Die Jungs sind alle auf einer Beerdigung. Sie tragen gerade den zu Grabe, der gestern genauso blöd gefragt hat."

Treffen sich ein sehr dicker und ein sehr dünner Mann. Sagt der dicke zum dünnen: „Wenn man Sie so anschaut, könnte man meinen, daß eine Hungersnot ausgebrochen ist."
„Und wenn man Sie anschaut", entgegnet der dünne, „weiß man sofort, wer daran schuld ist."

Unterhalten sich zwei Diebe. „Nehmen wir den Bus?" fragt der eine.
„Blödsinn", meint der andere. „Wer soll uns denn einen Bus abkaufen!"

Im Urwald. Zwei Wilde sehen zum ersten Mal einen Weißen, der mit dem Fahrrad fährt. Meint der eine zum anderen: „Sieh dir das mal an, diese faulen Hunde müssen sogar beim Laufen noch sitzen!"

Und wieder einmal hat es den Ganoven-Ede erwischt. Er steht vor dem Richter. Die Anklage lautet auf Einbruchsdiebstahl.
Der Richter versucht, dem Angeklagten ins Gewissen zu reden. „Als Sie in den Laden eingebrochen sind", fragt er, „haben Sie denn überhaupt nicht an Ihre arme alte Mutter gedacht?"
„Doch, doch", verteidigt sich Ede, „aber für die war nichts Passendes dabei!"

Ganoven-Ede war in letzter Zeit etwas faul. Langsam wird das Geld in der Haushaltskasse knapp. „Ich brauch' endlich wieder Haushaltsgeld", jammert seine Frau, „und zwar sofort!"
„Ja, ja", sagt Ganoven-Ede und blickt auf die Uhr. „Ich hol' gleich was. Muß nur noch warten, bis die Banken geschlossen haben!"

Auf dem Land herrschen eigene Sitten. Man ist herzlich, aber man macht nicht viele Worte.
Eines Tages bringt der Hinterhuber einen Städter mit zum Stammtisch. Der Stadtmensch wünscht freundlich einen guten Abend. Man sitzt stundenlang zusammen und bechert ordentlich. Gesprochen wird die ganze Zeit kein einziges Wort. Als sich der Hinterhuber und sein Gast verabschieden, sagt der Städter: „Auf Wiedersehen!"
Am nächsten Abend sitzen die Stammtischbrüder wieder zusammen. Plötzlich bricht einer das Schweigen. „Du, Hinterhuber", sagt er, „daß du uns ja diesen Quatschkopf von gestern nicht wieder mitbringst."

Der Unterbauer ist sauer. Die neue Eisenbahnlinie soll direkt durch seine Scheune führen. „Regen Sie sich nicht auf", meint der Beamte vom Planungsamt, „Sie werden natürlich voll entschädigt."
„Aber glauben Sie nur ja nicht", meint der Unter-

bauer ärgerlich, „daß ich jedesmal, das Tor aufmach', wenn der Zug kommt!"

Ein Fakir betritt die Eisenwarenhandlung.
„Geben Sie mir bitte zehntausend Nägel für meine Frau."
Der Verkäufer staunt. „Wozu braucht denn Ihre Frau so viele Nägel?"
„Sie will die Betten frisch überziehen."

Ein Junge verkauft Zeitungen auf der Straße.
„Riesenschwindel in unserer Stadt – bereits 20 Opfer!" ruft er.
Brösel will es genau wissen und kauft dem jungen Mann eine Zeitung ab. Er schlägt die Zeitung auf – und bemerkt, daß sie uralt ist.
In diesem Moment hört er den jungen Mann rufen: „Riesenschwindel in unserer Stadt – bereits 21 Opfer!"

Es brennt. Als die Feuerwehr am Brandort eintrifft, steht da ein Mann und wirft Papier ins Feuer. „Sind Sie denn völlig verrückt?" brüllt ein Feuerwehrmann und zerrt ihn weg. „Sie können doch nicht Papier ins Feuer werfen!"
„Wieso denn nicht?" verteidigt sich der Mann. „Das ist doch Löschpapier!"

Opa will in den Garten gehen, um die Blumen zu gießen. Sagt der Sohn: „Aber das ist doch ein Unsinn, es wird gleich Regen kommen."
„Macht nichts", sagt Opa. „Nehme ich halt den Schirm mit!"

Bei Schneiders. Gerade ist eine Freundin zu Besuch gekommen, aber Frau Schneider will noch schnell alle Blumen gießen. Bemerkt die Freundin verwundert: „Aber das sind doch künstliche Blumen, die braucht man doch nicht zu gießen!"
„Ich weiß, ich weiß", sagt Frau Schneider. „Ich hab' ja auch kein Wasser in der Kanne!"

Und wieder steht Ganoven-Ede vor Gericht. Der Richter wundert sich, warum Ede mit einem Kerl ein Ding gedreht hat, den er noch kaum kannte.
„Wie lange", fragt der Richter, „haben Sie Ihren Komplizen eigentlich schon gekannt?"
„Ach", antwortet Einbrecher-Ede, „eigentlich nur drei Tage. Aber als er mir seine Vorstrafen aufzählte, hatte ich gleich Vertrauen zu ihm."

Meistereinbrecher Bodo hat wieder einmal ein paar Jährchen abgesessen. Heute wird er entlassen. Sagt der Gefängnispfarrer: „Alles Gute, ich wünschte, ich könnte Ihnen draußen weiterhelfen!"

„Vielen Dank für Ihr Angebot“, sagt Bodo. „Aber das Einbrechen ist gar nicht so einfach, wie es aussieht!“

Einbrecher-Joe erhält im Gefängnis Besuch von seiner Frau. Mit ernster Stimme beginnt sie zu erklären: „Die Kinder kommen jetzt in ein Alter, in dem sie anfangen, Fragen zu stellen ...“
Einbrecher-Joe runzelt die Stirn.
„Ernste Fragen“, sagt seine Frau.
Einbrecher-Joe wischt sich den Schweiß von der Stirn.
„Du kannst dich nicht länger um eine Antwort herumdrücken“, sagt seine Frau. „Die Kinder wollen endlich wissen, wo du die Beute versteckt hast.“

„Ach, mein Gott“, seufzt Gerti, „ich wollte, ich hätte das Geld, um mir einen Bären kaufen zu können!“
„Wozu brauchst denn du einen Bären?“ fragt ihr Bruder Emmerich.
„Den Bären brauch’ ich natürlich nicht“, sagt Gerti. „Aber das Geld ...“

Die dicke Dame steigt auf die Waage und wirft eine Münze hinein. Da blinkt auch schon eine Leuchtschrift auf: „Bitte nur einzeln auf die Waage stellen!“

An der Kasse im Supermarkt gibt es Streit. Eine Frau will mit einem Achtzigmarkschein bezahlen. Die Kassiererin lehnt natürlich ab.
„Einen Achtzigmarkschein habe ich noch nie gesehen“, ruft sie. „Das ist Falschgeld!“
„Unverschämtheit!“ zischt die Kundin. „Wenn Sie schon zugeben, noch nie einen Achtzigmarkschein gesehen zu haben, wie können Sie dann behaupten, daß dieser hier falsch ist!“

Karl-Otto sitzt im Wirtshaus und bestellt ein Bier nach dem anderen. Meint sein Freund: „Wirklich, Karl-Otto, das ist echt nicht die feine Art: Deine Frau liegt im Krankenhaus, und du hängst hier herum und trinkst ein Bier nach dem anderen!“
„Ich weiß gar nicht, was du hast“, sagt Karl-Otto. „Ich trinke doch jedesmal auf ihre Gesundheit!“

Heiner hat vier Hufeisen gefunden und ist natürlich bester Laune. „Weißt du, was das bedeutet?“ fragt er seinen Freund Holger.
„Natürlich“, meint Holger, „irgendwo auf der Welt läuft ein Pferd barfuß herum!“

Frau Brösel geht einkaufen. Sie ersteht Streichhölzer, Zahnstocher, einen Apfel und eine Birne. Sie bezahlt und bittet den Geschäftsführer, ihr die Waren ins Haus zu liefern.

„Bedauere, das ist leider nicht möglich“, sagt der Geschäftsführer, „unser Lieferwagen ist gerade mit zwei Radieschen unterwegs!“

Herr Brösel steht vor dem Spiegel.
„Ich mache mir solche Sorgen, daß mir langsam alle Haare ausgehen!“ jammert er.
„Armer Kerl“, tröstet ihn seine Frau. „Worüber machst du dir denn solche Sorgen?“
„Ich mache mir Sorgen darüber, daß mir langsam alle Haare ausgehen!“

Dann klagt Herr Brösel dem Friseur sein Leid: „Wenn das so weitergeht, habe ich in einem Jahr eine Vollglatze!“
„Da kann ich Ihnen aber helfen!“ sagt der Friseur. „Ich hab' da ein neues, ganz tolles Haarwuchsmittel.“
„Und das wirkt auch richtig?“ erkundigt sich Herr Brösel ungläubig.
„Und wie das wirkt!“ versichert der Friseur. „Gestern ist mir versehentlich ein Tropfen auf den Kugelschreiber gefallen, und heute kann ich mir damit schon die Zähne putzen!“

An der Gartentür von Brösels steht ein riesiges Schild ‚Vorsicht Hund‘. Der neue Briefträger stutzt. Aber er muß einen Einschreibebrief abgeben. Also nimmt er all seinen Mut zusammen.

Vorsichtig drückt er die Klinke, schleicht zur Haustür und klingelt. Da sieht er neben sich einen winzigen Pinscher im Gras. Und dann geht auch schon die Tür auf.
„Meine Güte“, sagt der Briefträger erleichtert, „so ein kleines Tierchen. Warum haben Sie denn so ein großes Schild mit ‚Vorsicht Hund‘?“
„Ist doch klar“, sagt Frau Brösel. „Damit niemand drauftritt!“

„Bei der Haifischjagd im Bodensee hatte ich neulich aber wirklich ein riesiges Glück!“ berichtet Heiner seinem Freund Holger.
„Aber da gibt’s doch gar keine Haifische!“ sagt Holger.
„Eben, das war ja mein Glück!“

Ganoven-Ede hat sich von Madame Futura die Zukunft voraussagen lassen. Jetzt geht es ans Zahlen.
„Und was kostet das Ganze?“ fragt Ede am Schluß der Séance.
„110 Mark“, sagt die Hellseherin.
„Komischer Preis“, brummt Ede.
„Gar nicht komisch“, sagt Madame Futura. „Zehn Mark für den Blick in Ihre Zukunft und hundert Mark für mein Schweigen über Ihre Vergangenheit!“

Heiner stolpert und knallt mit dem Gesicht auf den Boden. Jemand hilft ihm auf und fragt: „Na? Ist die Nase auch noch ganz?"
„Keine Sorge", meint Heiner, „die Nase ist in Ordnung. Die Löcher waren schon vorher drin!"

In der Nacht wacht die Hinterhuberbäurin auf. Vom Hof her dringen verdächtige Geräusche. Sie steht auf und geht raus in den Hof. Vor dem Hühnerstall bleibt sie stehen und ruft: „Ist da jemand?"
„Nur wir Hühner!" ertönt eine Stimme.

Aus der Anstalt sind zwei Irre ausgebrochen. Im Straßengraben finden sie ein altes Fahrrad. Sie schieben es zur nächsten Tankstelle und verlangen: „Einmal volltanken!"
„Bei euch ist wohl eine Schraube locker!" sagt der Tankwart.
„Da hast du es", sagt da der eine Irre zum anderen, „kaum hat man ein Auto, schon geht es los mit den Reparaturen!"

Der Mathematiklehrer trifft nach zwanzig Jahren seinen ehemaligen Schüler Hirneder wieder – einen der schlechtesten Schüler, die er jemals gehabt hatte. Er staunt also nicht schlecht, als diese mathematische Niete in eine teure Luxuslimousine mit Chauffeur einsteigt.

„Sie haben es ja doch noch zu etwas gebracht, trotz Ihrer miesen Leistungen von damals!“ sagt der Lehrer.
„Klar doch!“ meint Hirneder. „Ich kaufe Sessel für hundert Mark und verkaufe sie für fünfhundert Mark weiter, und von den vier Prozent kann ich super leben!“

Ein Mann geht mit seinem Hund ins Kino. Der Hund biegt sich vor Lachen. „Sie haben aber einen eigenartigen Hund!“ wundert sich der Sitznachbar.
„Ja“, pflichtet der Hundebesitzer bei, „ich bin auch überrascht. Das Buch hat er nämlich überhaupt nicht komisch gefunden!“

Herr Brösel hat eine neue Mausefalle konstruiert. Die ersten Exemplare wurden schon verkauft. Jetzt will der Erfinder von einem Kunden wissen, wie sich das neue Gerät bewährt.
„Na ja“, meint der Käufer, „funktionieren tut die Sache schon, aber ...“
„Was heißt hier aber?“ unterbricht Herr Brösel. „Funktionieren die Dinger nun oder funktionieren sie nicht?“
„Also“, erklärt der Mann, „gestern habe ich zwei Mäuse beobachtet. Sie haben sich vor die Falle hingestellt. Dann haben sie sich über die primitive Technik totgelacht!“

Der Museumsführer zeigt ehrfürchtig auf einen Stuhl hinter einer doppelten Absperrung: „Darauf haben schon Goethe, Schiller und Voltaire gesessen!“
Wundert sich ein Besucher: „Daß die da alle darauf Platz hatten!“

Der neue Museumswärter hat seinen ersten Arbeitstag ganz gut hinter sich gebracht. Nach Dienstschluß schaut er noch im Büro des Direktors vorbei.
„Was sagen Sie zu mir, Herr Direktor“, sagt er strahlend. „Heute war mein erster Arbeitstag, und schon habe ich zwei Picassos und einen Rembrandt verkauft!“

Philosophieren zwei Männer über ihre Namen. Sagt der eine: „Das ist schon irgendwie komisch, du heißt Groß, bist aber in Wirklichkeit klein.“
„Was soll denn daran so komisch sein?“ sagt der andere. „Du heißt auch Weber und bist in Wirklichkeit ein Spinner!“

Zwei Männer betreten ein Autogeschäft. Sie gukken sich nicht lange um, sondern kaufen einen Jaguar.
Beim Zahlen sagt der eine Mann: „So, jetzt bist du dran. Die Pommes vorhin hab’ ich bezahlt!“

Es ist Wahlzeit. „Und was werden Sie tun, wenn Sie die Wahl gewinnen?“ fragt der Reporter den Politiker.
„Weiß ich noch nicht“, meint der Politiker, „ich überlege die ganze Zeit, was ich tun soll, wenn ich die Wahl verliere!“

Zwei Polizisten gehen nachts auf Streife. Vor dem Gymnasium liegt eine Leiche.
„Weißt du“, sagt der eine Polizist, „wie man Gymnasium schreibt?“
„Keine Ahnung“, sagt der andere.
„Dann tragen wir die Leiche besser zum Bahnhof rüber!“

Heiner trägt einen dicken Brief aufs Postamt.
„Da haben Sie zu viele Marken draufgeklebt“, sagt der Beamte am Schalter. „Fünf statt zehn Mark hätten gereicht!“
„Dann kratzen Sie die anderen fünf Mark wieder runter“, bittet Heiner, „sonst geht der Brief womöglich zu weit.“

Der Richter zum Angeklagten: „Erzählen Sie uns bitte ganz genau, wie Sie es fertiggebracht haben, den Tresor zu öffnen.“
„O nein, Herr Richter, bitte nur das nicht!“ fleht der Angeklagte. „Im Saal sitzt doch die ganze Konkurrenz!“

Gespannte Stimmung im Gerichtssaal. Es geht um Fundverheimlichung. Dem Richter platzt der Kragen.
„Hören Sie“, herrscht er den Angeklagten an, „Sie können mir doch nicht erzählen, daß Sie die Brieftasche, die auf der Parkbank gelegen hat, für Ihre eigene gehalten haben!“
„Das natürlich nicht“, verteidigt sich der Angeklagte. „Die Brieftasche war mir fremd. Aber das Geld ist mir so verdammt bekannt vorgekommen!“

Nach dem Skifahren. Seppl und Bertl haben auf der Hütte schon etwas zuviel hochprozentigen Jagertee getrunken. Sie fangen zu streiten an, und schon geht eine wüste Rauferei los.
„Halt, aufhören“, ruft Bertl verzweifelt, „ich spür' nichts mehr in meinen Waden!“
„Kein Wunder“, schreit Seppl, „du zwickst ja mich die ganze Zeit!“

Im Irrenhaus. Zwei Insassen spielen ‚Fang den Hut!‘ Schreit der eine plötzlich: „Schach!“
„Wieso?“ fragt der andere total verwirrt. „Seit wann gibt's bei ‚Mensch ärgere dich nicht!‘ Elfmeter?“

Drei Vertreter sitzen im Wirtshaus zusammen und reden über ihre größten Erfolge.

„Ich habe eine Melkmaschine an eine Bäuerin verkauft, die überhaupt keine Kühe hatte!“ berichtet der erste.
„Und ich habe einer Hausfrau einen Staubsauger verkauft, die gar keinen Strom hatte!“ prahlt der zweite.
„Aber das ist ja alles gar nichts!“ meint der dritte. „Ich habe einer Frau drei Sack Vogelfutter verkauft, für ihre Kuckucksuhr!“

Weihnachten in Schottland. Am Weihnachtsabend holt der Vater heimlich die Flinte aus dem Schrank, schleicht aus dem Haus und feuert in die Luft. Dann kehrt er mit ernster Miene ins Wohnzimmer zurück.
„Tut mir leid, Kinder“, sagt er. „Schlimme Nachrichten. Der Weihnachtsmann hat eben Selbstmord begangen.“

Es regnet fürchterlich, doch Paul hastet, mit dem geschlossenen Schirm unterm Arm, durch die Straßen.
„Warum spannst du denn deinen Schirm nicht auf?“ fragt ihn Max.
„Das geht leider nicht“, erklärt Paul. „Das ist ein Weihnachtsgeschenk von Opa. Und das darf man vor dem Weihnachtsabend nicht aufmachen!“

Heiner hat einen neuen Job. Er arbeitet jetzt als Kellner beim Kirchenwirt in Hinterduckendorf. Und schon am ersten Tag gibt es Probleme. „Im Keller ist der ganze Wein aus den Fässern ausgelaufen!“ berichtet er dem Wirt.
„Um Himmels willen“, jammert der Kirchenwirt, „wie konnte denn so was passieren?“
„Keine Ahnung“, sagt Heiner, „als ich heute morgen die Namensschilder auf die Fässer genagelt habe, war noch alles in Ordnung!“

Hans erzählt seinem Freund Anton von einer Wette.
„Ich habe gewettet“, sagt er, „einen halben Monat lang am Tag nichts zu essen und in der Nacht nichts zu schlafen.“
„Na, die Wette hast du wohl mit Bomben und Granaten verloren!“ meint Anton.
„Ach woher, gewonnen habe ich!“ ruft Hans.
„Wie denn das?“
„Ich habe am Tag gepennt und in der Nacht gefuttert!“

Fragt Herbert seinen Freund: „Ist es eigentlich wahr, daß schwarze Katzen Unglück bringen, wenn sie einem über den Weg laufen?“
„Ja, schon“, meint der Freund, „vor allem, wenn man eine Maus ist!“

Die Dussels wohnen im 25. Stock. Leider ist wieder einmal der Lift ausgefallen. Also müssen Herr und Frau Dussel die Treppen zu Fuß hochsteigen. Um sich die Zeit zu vertreiben, erzählen sie sich gegenseitig Witze. Im 22. Stockwerk angelangt, meint Frau Dussel schwer atmend: „Jetzt fällt mir aber kein Witz mehr ein.“
„Mir schon“, sagt Herr Dussel, „ich habe die Wohnungsschlüssel im Auto vergessen!“

Das Zirkuszelt steht in Flammen. Alle laufen durcheinander.
„Nur keine Panik“, ruft der Zirkusdirektor, „holt lieber den Feuerschlucker!“

Heiner: „Wie geht eigentlich dein neues Fahrrad?“
Holger: „Das geht nicht, sondern es fährt!“
Heiner: „Also gut, wie fährt es?“
Holger: „Es geht!“

Ich wette mit dir, daß ich in drei Minuten zur Post gehe“, sagt Herbert.
„Unmöglich“, sagt Georg. „Das schaffst du nie und nimmer. Die Wette gilt!“
Herbert schaut auf die Uhr, wartet drei Minuten und geht zur Post.

Schnell, ganz schnell“, ruft ein Mann und stürmt in die Drogerie, „mein Nachbar wird von einem Bienenschwarm verfolgt!“
„Gut, gut“, sagt der Verkäufer nervös, „was brauchen Sie, eine Salbe, ein Spray?“
„Nein, nein, einen Film für meine Kamera!“

„Ich habe dir deine Lieblingskekse mitgebracht!“ sagt Karin zu ihrer Freundin.
„Oh, wie aufmerksam“, bedankt sich die Freundin, „aber ... die Dose ist ja nur noch halb voll.“
„Tja“, sagt Karin, „es sind auch meine Lieblingskekse!“

Es ist fürchterlich heiß. Heiner und Holger wollen sich im Teich abkühlen. Sie ziehen sich ihre Badehosen an und springen ins kühle Naß. Da hören sie eine zornige Stimme.
„Könnt ihr Blödmänner denn nicht lesen“, ruft der Bauer, „da steht ‚Zutritt verboten!‘ auf dem Schild!“
„Was wollen Sie denn?“ schreit Heiner zurück. „Wir sind doch nicht zu dritt. Wir sind ja nur zu zweit!“

Treffen sich zwei Freundinnen im Kaffeehaus. Fragt die eine: „Hast du eigentlich schon Gabis neuen Freund gesehen? Der soll ja aus bester Familie sein!“

„Ja, ja“, meint die andere, „ein eigenartiger Typ, nicht?“
„Wieso eigenartiger Typ?“
„Na ja, beim Teetrinken streckt der doch immer den kleinen Finger so weg.“
„Das ist in vornehmen Kreisen halt so üblich.“
„Aber nicht, wenn der Teebeutel noch dran hängt!“

Zwei Männer sitzen im Wirthaus an einem Tisch. Im Gespräch kommt man sich näher. Stellt sich der eine vor: „Gestatten, Josef Huber!“
„Sehr erfreut, Richard Wagner!“ antwortet der andere.
„Das ist aber ein sehr bekannter Name.“
„Stimmt. Mich kennt hier wirklich jeder. Ich bin nämlich der Briefträger!“

Frau Knolle ist ungeheuer stolz auf ihre antiken Möbel. „Dieser Stuhl hier“, erklärt sie einem Besucher, „gehörte einst der schottischen Königin Maria Stuart!“
„Interessant“, staunt der Besucher, „und woher weiß man das?“
„Sehen Sie sich diese Buchstaben an“, sagt sie und deutet auf die Lehne, „M. S. für Maria Stuart.“
„Ach so ist das“, erwidert der Besucher staunend. „Jetzt stellen Sie sich vor, wir haben zu Hause ei-

nen kleinen Raum, in dem einst Winston Churchill gewohnt hat!"

Herr Hinterhuber kommt ganz aufgekratzt nach Hause. „Stell dir vor", erzählt er seiner Frau, „was ich heute erlebt habe! Ich steige am Stadttheater in den Bus Linie 50 und fahre Richtung Bahnhof, und wer, glaubst du, sitzt mir gegenüber?
„Na, wer denn?" erkundigt sich Frau Hinterhuber.
„Johann Wolfgang von Goethe!"
„So ein Blödsinn!" sagt Frau Hinterhuber. „Das gibt es doch gar nicht!"
„Wieso gibt es das nicht?" fragt Herr Hinterhuber.
„Weil die Linie 50 überhaupt nicht zum Bahnhof fährt!"

Ein junger Mann kommt zum Zirkusdirektor und möchte unbedingt einen Job haben. „Und was können Sie mir anbieten?" will der Zirkusdirektor wissen.
„Ich kann Vögel nachmachen", meint der junge Mann.
„So, so, eine Vogelnummer also", sagt der Zirkusdirektor. „Und wie machen Sie das? Können Sie fliegen?"
„Nein, das nicht", sagt der junge Mann, „aber ich kann mich hinsetzen und Würmer essen!"

Bundeswehr, Grundausbildung. Es geht auch um ganz handfeste praktische Fragen. Der Feldwebel will von den Soldaten wissen: „Wie wird ein Kanonenrohr hergestellt?"
Großes Schweigen. Kein Mensch meldet sich. Nach einiger Zeit steht hinten in der letzten Reihe doch einer auf.
„Also", sagt der Soldat, „man nimmt ein Stück Loch und gibt Eisen herum!"
„Und wo kriegen Sie das Loch her, Sie Schlaumeier?" brüllt der Feldwebel.
„Ganz einfach", sagt der Soldat, „ich beschaffe ein Ofenrohr und nehme das Blech weg."

Im Uhrmacherladen. Eine ältere Frau kommt schwer bepackt ins Geschäft. Sie bringt die Kuckucksuhr zurück, die sie vor einer Woche hier gekauft hatte.
„Was ist denn los mit der Uhr?" erkundigt sich der Uhrmacher. „Kommt der Kuckuck nicht mehr aus seinem Häuschen?"
„Doch, doch", sagt die Kundin, „herauskommen tut er schon. Aber dann fragt er immer, wie spät es ist!"

Monika: „Du, stell dir vor, ich hab' von meinem Brieffreund aus Schottland die ersten Bilder bekommen!"
Margit: „Und, wie sieht er aus?"

Monika: „Weiß ich noch nicht. Der Film ist gerade beim Entwickeln!"

„Meine neue Freundin ist ja ganz nett", erzählt Rolf. „Aber sie hat kein Benehmen. Als sie sich gestern abend im Restaurant mit der Gabel frisiert hat, ist mir vor Entsetzen fast das Messer im Mund steckengeblieben!"

Der Ganoven-Ede steht wieder einmal vor Gericht. Diesmal ist es nur eine Kleinigkeit: Er hat in einem Hotel Handtücher mitgehen lassen.
„Wissen Sie, was darauf steht?" herrscht ihn der Richter an.
„Klar", sagt Ede, „Hotel Goldener Hirsch!"

Eine sehr vornehme Dame betritt das Hutgeschäft. Über eine Stunde lang probiert sie einen Hut nach dem anderen. Schließlich sagt sie hochnäsig: „Ich glaube, Sie führen einfach nicht den passenden Hut für meinen Kopf."
„Moment", meint die Verkäuferin, „die Strohhüte haben Sie noch nicht probiert!"

Weihnachtsfeier in der Firma. Riesenstimmung, und alles gratis. Herr Knolle greift beim Buffet zu, als hätte er seit Tagen nichts mehr zu essen bekommen. Als er zum sechsten Mal mit einer riesigen Portion vom Buffet kommt, zischt ihn

Frau Knolle an: „Sag mal, ist dir denn das nicht peinlich? Merkst du nicht, wie dich die Leute anstarren?“
„Keine Sorge“, sagt Herr Knolle, „ich sag’ immer, daß es für dich ist.“

Im Restaurant. Herr Knall kann sich einfach nicht entscheiden, was er heute speisen möchte.
„Herr Ober“, sagt er, „bringen Sie mir etwas, was ich noch nie gehabt habe.“
„Dann nehmen Sie doch Hirn!“ empfiehlt der Kellner.

Herr Rübenzahn sitzt im feinen Restaurant. Mit der Speisekarte kommt er nicht so ganz zurecht; alles steht da auf französisch. Da winkt Rübenzahn den Ober heran und zeigt auf den Nebentisch: „Bringen Sie mir doch bitte das, was der Herr da drüben ißt!“
„Ich werde es versuchen“, antwortet der Ober, „aber ich fürchte, er wird sich sein Essen nicht so einfach wegnehmen lassen!“

Brösels sind im Restaurant. Das Essen war vorzüglich. Zum Abschluß möchte Herr Brösel noch ein Stück Emmentaler Käse.
„Sehr wohl“, sagt der Kellner.
„Aber einen echten Emmentaler“, sagt Herr Brösel, „den mit den großen Löchern!“

Der Kellner kehrt zurück und serviert einen leeren Teller.
„Was soll denn das!“ beschwert sich Herr Brösel. „Da ist ja nichts auf dem Teller!“
„Tut mir leid“, sagt der Kellner, „Sie haben wohl gerade ein großes Loch erwischt!“

Heute nimmt Herr Pampe sein Mittagessen im Restaurant zur Goldenen Ente ein. Das Essen ist teuer, aber es schmeckt einfach grauenhaft. Angewidert schiebt Herr Pampe den Teller von sich, winkt den Ober heran und beschwert sich: „Das Essen hier ist völlig ungenießbar. Ich möchte sofort den Geschäftsführer sprechen!“
„Gern, aber da müssen Sie hinübergehen zum Kirchenwirt“, sagt der Kellner.
„Aber wieso denn?“
„Dort speist der Geschäftsführer immer zu Mittag!“

Im Restaurant. Der Gast beschwert sich: „Dieses Brot kann kein Mensch essen. Es ist steinhart!“
„Im Krieg wären wir froh gewesen über dieses Stück Brot“, gibt der Kellner bissig zurück.
„Da haben Sie recht“, erwidert der Gast, „aber damals war es ja auch noch frisch!“

Dem Kellner passiert ein Mißgeschick nach dem anderen. Er bringt die falschen Sachen, ver-

gißt die Hälfte, verwechselt die Gäste, stolpert über den Teppich, verschüttet Sauce – eine einzige Katastrophe.
„Sagen Sie mal“, fragt ihn ein Gast, „warum um alles in der Welt sind sie ausgerechnet Kellner geworden?“
„Tja“, sagt der Ober, „den Rat hat mir der Augenarzt gegeben. Er hat mir empfohlen, Gläser zu tragen.“

Herr Knolle hat sich ein Pilzgericht bestellt. Endlich kommt der Ober, serviert die Pilze und sagt: „Das macht vierundzwanzig Mark!“
„Na hören Sie mal“, beschwert sich Herr Knolle, „ich habe mit dem Essen überhaupt noch nicht begonnen, und Sie wollen schon kassieren!“
„Bei Pilzgerichten“, sagt der Kellner, „ist das so üblich.“

In einem vornehmen Restaurant. Der Gast beschwert sich beim Kellner: „Warum ist mein Teller naß?“
„Das ist die Suppe!“

Im Dorfgasthaus. Ein vornehmer Herr betritt das Lokal und sucht sich einen freien Tisch. „Na“, sagt er zum Wirt, „die Tischdecke sieht aber auch nicht gerade appetitlich aus!“
„Die sollen Sie auch nicht mitessen!“

Gast: „Herr Ober, bitte, rasch, kommen Sie! Hier auf der Butter liegt eine Fliege!“
Kellner: „Sie irren sich, das ist eine Spinne!“

Gast: „In meiner Suppe schwimmt ein dunkles Haar!“
Kellner: „Ja und? Glauben Sie, wir stellen für Sie extra einen blonden Koch an!“

Zwei Gäste sitzen im Restaurant am gleichen Tisch. Sagt der eine: „Verzeihen Sie, würde es Sie stören, wenn ich rauche?“
„Aber nein“, sagt der andere, „solang es Sie nicht stört, wenn ich weiteresse.“
„Aber nein“, sagt der erste, „solang die Musik hier laut genug ist!“

Der Kellner räumt die Teller ab.
„Und“, fragt er, „hat es Ihnen geschmeckt?“
„Also, ehrlich gesagt“, meint der Gast, „ich habe schon besser gegessen.“
„Aber nicht bei uns!“

Max, Fritz und Anton wandern durch den Urwald. Damit sich keiner verirrt, treffen die drei Abenteurer folgende Vereinbarung: Wer die anderen verliert, soll dreimal in die Luft schießen. Dann wissen die anderen beiden Bescheid und können den dritten suchen.

Tatsächlich dauert es nicht lange, und Max steht allein im großen Urwald. Er schießt dreimal in die Luft. Er wartet zehn Minuten, aber nichts rührt sich. Wieder gibt er drei Schüsse in die Luft ab. Keine Reaktion. Langsam wird Max unruhig. Noch einmal schießt er dreimal in die Luft und lauscht. Nichts.
„Verdammt", flucht er, „jetzt hab' ich nur noch einen Pfeil!"

Herr Knall kommt vom Urlaub am Königsee furchtbar heiser zurück.
„Jetzt sagen Sie mal, Frau Knall", fragt die Nachbarin, „Ihr armer Mann kann ja kaum noch reden. War denn die Luft im Gebirge wirklich so schlecht?"
„Nein, nein", erwidert Frau Knall, „schuld war das blöde Echo."
„Wieso das Echo? Versteh' ich nicht."
„Das Problem war", erklärt Frau Knall, „daß mein Mann unbedingt das letzte Wort haben wollte."

Im Luftkurort in den Alpen. Es ist ein wunderschöner Tag. Vor dem Rathaus spielt eine Blasmusikkapelle. Fragt ein Kurgast den Trompeter: „Was ist denn heute für ein Festtag, daß ihr hier so toll aufspielt?"
„Ach", meint der Musikant, „heute hat der Bür-

germeister Geburtstag, und da bringen wir ihm halt ein Ständchen dar.“
„Na schön“, sagt der Kurgast, „aber dann sollte sich der Bürgermeister doch auch am Balkon zeigen, oder?“
„Eigentlich schon“, sagt der Trompeter, „aber ich kann doch nicht überall gleichzeitig sein!“

Zwei Gepäckträger vom Bahnhof unterhalten sich.
Sagt der eine: „Na, gestern hab’ ich wieder was erlebt! Ich schleppe einem Schotten zwei riesige Koffer bis in seine Wohnung im fünften Stock. An der Wohnungstür drückt er mir etwas in die Hand, sagt: ‚Das ist für einen Kaffee!‘ und verschwindet.“
„Und?“ will der andere wissen. „Was hat er dir gegeben?“
„Zwei Stück Würfelzucker!“

Gast: „Herr Ober, ich will frische Semmeln haben. Die sind ja von gestern. Bringen Sie mir Semmeln von heute!“
Kellner: „Dann müssen Sie morgen kommen!“

Heute ist das Fundbüro zu. An der Tür klebt ein Schild: „Das Fundbüro bleibt bis auf weiteres geschlossen. Der Hausmeister hat die Schlüssel verloren.“

Es läutet. Vater macht die Tür auf. „Erika“, ruft er in die Küche, „da sammelt jemand für das neue Hallenbad, was soll ich tun?“
„Gib ihm einen Eimer Wasser!“

„Mami, Mami“, ruft Edwin, „in meiner Hose sind zwei Löcher!“
„Das ist schon in Ordnung“, sagt Mami, „da mußt du die Beine durchstecken.“

„Susi, laß bitte die Katze raus!“ ruft der Vater.
„Hab’ ich schon gemacht“, sagt Susi. „Ich bin ihr auf den Schwanz getreten.“

Ganoven-Ede steht wieder einmal vor Gericht.
„Bekennen Sie sich schuldig?“ fragt der Richter.
„Kann ich noch nicht sagen“, meint Ganoven-Ede, „ich muß zuerst sehen, was Sie für Beweise haben.“

„Bist du abergläubisch?“ fragt Heiner.
„Natürlich nicht“, antwortet Holger.
„Ach, dann leih mir doch mal dreizehn Mark!“

„Fernsehen ist die Ursache vieler übler Gewalttaten!“ erzählt Frau Knolle ihrer Nachbarin. „Und ich habe auch den Beweis. Jedesmal, wenn mein Sohn an der Fernbedienung herumschaltet, haut ihm mein Mann eine runter.“

„Vati“, ruft die kleine Marie, „draußen vor der Tür steht ein Mann mit einem dummen Gesicht!“
„Schick ihn weg“, sagt Vati, „und sag ihm, daß wir schon eines haben.“

Rüdiger streitet mit seiner Schwester Annett, daß die Wände wackeln. Schließlich sagt Rüdiger etwas ziemlich Schlimmes, läuft in sein Zimmer und knallt die Tür zu.
Vater reißt sie wieder auf. „Hör mal, mein Junge“, ruft er, „in unserem Haus kommt diese Gossensprache nicht mehr vor, ja! Von wem hast du diese Ausdrücke eigentlich?“
„Ach, reg dich ab“, sagt Rüdiger, „das hab’ ich von Goethe.“
„Dann will ich“, brüllt Vater, „daß du dich von diesem Burschen fernhältst.“

„Was soll das?“ beschwert sich Herr Knauslich beim Hotelportier. „Mein Zimmer ist um 20 Mark teurer als die anderen!“
„Was wollen Sie“, sagt der Portier, „dafür haben Sie auch einen herrlichen Blick aufs Meer!“
„Wissen Sie, was, Sie geben mir das Zimmer um 20 Mark billiger“, schlägt Herr Knauslich vor, „und ich verspreche Ihnen, daß ich nicht aus dem Fenster gucke.“

Da gab es noch diesen dummen Autostopper. Er ging in aller Herrgottsfrühe los, um nicht in den Verkehr zu kommen.

„Oje, mein Füller läuft aus!"
„Schnell, lauf ihm nach!"

„Ich kenne einen, der versucht hat, einen Löwen und ein Schaf zu kreuzen."
„Und was war?"
„Er mußte sich ein neues Schaf kaufen."

Frau Bolle wird ohnmächtig ins Krankenhaus eingeliefert.
„Sie steht unter Schock", sagt der Arzt. „Wie ist das passiert?"
„Sie hat die Post aufgemacht", erzählt Herr Bolle, „und da war diese Stromrechnung."

Ein Mann klopft an der Wohnungstür. „Ich komme, um die Klingel zu reparieren."
„Aber Sie hätten doch schon gestern kommen sollen", schimpft Herr Brösel, „wir haben den ganzen Tag auf Sie gewartet."
„Ich war ja auch da", sagt der Mann, „und habe wie verrückt geklingelt. Aber niemand hat aufgemacht."

„Ich habe meinen Beruf in der Wüste Gobi gelernt“, sagt der Holzfäller.
„Aber da gibt's doch keine Bäume!“
„Ich war gut, nicht?“

Heiner springt vom obersten Stockwerk eines Wolkenkratzers auf die Straße hinunter und landet mit einem mächtigen Bums auf dem Gehsteig. Sofort läuft eine Menge Leute zusammen, Zeitungsreporter und Fernsehleute eilen herbei. Ein Reporter fragt Heiner:
„Sagen Sie, was ist hier eigentlich los?“
„Weiß nicht“, sagt Heiner, „bin auch grad erst gekommen.“

„Was wurde eigentlich aus dem Burschen, der als Kind in den Kochtopf gefallen ist?“
„Ein hartgesottener Verbrecher.“

„Dir geht's gut“, sagt der eine Gedankenleser zum anderen, „und wie geht's mir?“

Und was machen Sie beruflich?“ fragt die Dame ihren Sitznachbarn im Zug.
„Ich bin Archäologe.“
„So was!“ sagt die Dame erstaunt. „Und dabei sehen Sie noch so jung aus!“

Der Archäologe beginnt bitterlich zu schluchzen.
„Was haben Sie denn?“ fragt die Dame.
„Meine ganze Karriere liegt in Trümmern!“

Eine Frau meldet sich beim Arbeitsamt. Sie sucht einen Job.
„Was haben Sie gelernt?“ fragt der Beamte.
„Ich bin Hellseherin,“ sagt die Frau.
„So was“, sagt der Beamte, „und warum haben Sie das aufgegeben?“
„Hatte keine Zukunft.“

„Mein lieber Watson“, sagt der berühmte Detektiv Sherlock Holmes, „ich ziehe folgenden Schluß. Sie haben heute morgen vergessen, die Hose anzuziehen.“
Sein Assistent Watson staunt über so viel Scharfsinn. „Bewundernswert, Holmes. Wie, um alles auf der Welt, haben Sie das rausgefunden?“
„Ganz einfach, mein lieber Watson“, sagt Sherlock Holmes und zieht an seiner Pfeife, „ich sehe Ihren Hintern.“

Bommel bewirbt sich bei der Bundeswehr und wird auf Herz und Nieren geprüft. Dann kommt der große psychologische Test.
„Stellen Sie sich vor“, sagt der Psychologe, „Sie sind Kommandant einer Gruppe von Soldaten auf

einem Trainingsmarsch durch die Wüste unterwegs. Ihre Leute sind unbewaffnet. Nur Sie haben ein Messer bei sich. Plötzlich taucht vor ihnen ein enorm großer Löwe auf. Welche Schritte würden Sie unternehmen."
„Große Schritte!" sagt Bommel.

Herr Pflümli setzt frische Pflanzen im Garten ein. Als er fertig ist, hört er aus Richtung der Pflanzen ein Gemurmel.
„Toll sehen Sie heute wieder aus, Herr Pflümli, muß man schon sagen. Und wie fachmännisch Sie uns eingesetzt haben, das war wirklich erste Klasse. Nein, es ist wirklich eine große Freude, in Ihrem Garten wachsen zu dürfen. Wir fühlen uns tief geehrt, und wir hoffen sehr, Ihren Ansprüchen gerecht zu werden und unser bescheidenes Leben in Ihrer überwältigenden Gegenwart verbringen zu dürfen."
Herr Pflümli läuft zum Telefon und ruft in der Gärtnerei an und erzählt, was er eben erlebt hat.
„Sagen Sie, was haben Sie mir denn da für Gewächse verkauft?"
„Aber das wollten Sie doch, Herr Pflümli", sagt der Gärtner, „Pflanzen, die schön kriechen."

Der kleine Alex sitzt im Garten und weint bitterlich. Die Mutter eilt herbei.
„Was hast du denn, Alex?"

„Eine böse Biene hat mich gestochen!"
„Gleich ist alles wieder gut", sagt die Mutter, „ich hole schnell Salbe, und die streichen wir drauf."
„Geht nicht", heult Alex, „die böse Biene ist schon wieder fortgeflogen."

An der Grenze. Der Zollbeamte fragt Heiner, ob er was zu verzollen hat. Heiner schüttelt den Kopf.
„Dann machen Sie doch Ihren Koffer bitte mal auf", sagt der Beamte.
Heiner öffnet den Koffer.
„Aha!" sagt der Beamte. „Was haben wir denn da. Zehn Flaschen Whiskey."
„Aber nein", sagt Heiner, „das ist kein Whiskey. Das bilden Sie sich bloß ein."
„Na, und dieses Parfum. Gleich literweise!"
„Aber nein", sagt Heiner, „das ist kein Parfüm. Das bilden Sie sich bloß ein."
Der Zollbeamte fördert Zigarren, Uhren und Schmuck zutage, doch Heiner beharrt: „Das sind keine Zigarren, keine Uhren, kein Schmuck. Das bilden Sie sich bloß ein."
„Na schön", sagt der Beamte, schließt den Koffer und läßt Heiner weitergehen. Nach wenigen Schritten hält ihn ein anderer Beamter auf und sagt:
„Öffnen Sie bitte Ihren Koffer!"

„Wieso“, sagt Heiner, „da war doch schon eine Kontrolle!“
„Aber nein“, sagt der Beamte, „das war keine Kontrolle. Das bilden Sie sich bloß ein.“

Der Polizeibeamte hält einen Mann auf.
„Ich fürchte“, sagt der Polizist, „Sie werden mich auf die nächste Polizeiwache begleiten müssen.“
„Wieso?“ fragt der Mann erschrocken.
„Wissen Sie“, sagt der Polizist, „ich bin nämlich neu in der Stadt und habe mich verlaufen.“

Herr Brösel ist auf Urlaub in Texas. Da trifft er einen Cowboy.
„Ach“, sagt Herr Brösel, „Sie tragen einen Cowboyhut.“
„Yip“, sagt der Cowboy.
„Und Sie haben sicher einen sechsschüssigen Colt.“
„Yip, yip, yip, yip, yip, yip.“
„Und eine ganze Menge Rinder!“
„Yip, yip, yip, yip, yip, yip, yip, yip, yip, yip, yip, yip, yip, yip, yip, yip, yip, yip, yip, yip, yip, yip, yip, yip, yip, yip, yip, yip, yip, yip, yip.“
„Und haben Sie auch Schluckauf?“ fragt Herr Brösel.
„Yip.“

Frau Pampe ist beim Arzt und hustet und hustet. „Sie haben aber einen schönen Husten!“ sagt der Arzt. „Gefällt mir gar nicht.“
„Was jetzt?“ ruft Frau Pampe. „Ist er schön oder nicht?“

Unten auf der Straße pfeift ein Müllmann ein Liedchen und stemmt dabei zwölf Mülleimer auf einmal hoch, wirbelt sie durch die Luft und balanciert sie schließlich zum Müllwagen. Herr Brösel läuft runter.
„Sagen Sie, wie machen Sie das“, fragt er den Müllmann.
„Ganz einfach“, sagt der Müllmann. „ich spitze die Lippen und blase Luft durch.“

Heiner: „Doktor Schnösel hat seine Praxis geschlossen. Er arbeitet jetzt im Tiergarten und betreut die Enten.“
Holger: „Das wundert mich gar nicht. War immer schon so ein Quacksalber.“

Im feinen Restaurant. „Hör mal, Otto“, flüstert Frau Knall, „den Champagner ißt man doch nicht mit dem Löffel!“
„Was soll ich tun?“ flüstert Herr Knall zurück. „Meine Gabel ist so löchrig.“

Im Bus herrscht dichtes Gedränge. Ein sehr dicker Mann und ein kleiner Junge sitzen nebeneinander.
„Warum stehst du nicht auf", schimpft der dicke Mann, „und bietest deinen Sitzplatz einer Dame an?"
„Und warum stehen Sie nicht auf", fragt der Junge zurück, „und bieten Ihren Platz zwei Damen an?"

Beim Friseur. Der Kunde fragt:
„Wieviel kostet ein Haarschnitt?"
„Zwanzig Mark."
„Und eine Rasur?"
„Fünfzehn Mark."
„Gut", sagt der Kunde und setzt sich, „dann rasieren Sie mir bitte den Kopf."

Ein Mann will seine Uhr reparieren lassen und geht zum Uhrmacher. In der Werkstätte sieht er etwas äußerst Merkwürdiges: Jemand hängt mit einem Arm an einem Haken an der Decke.
„Achten Sie nicht auf den", sagt der Uhrmacher. „Der hält sich für eine Glühbirne."
„Und – warum machen Sie ihm denn nicht klar, daß das gar nicht stimmt?" fragt der Kunde.
„Ich bin doch nicht blöd", sagt der Uhrmacher. „Oder soll ich vielleicht im Dunkeln arbeiten?"

In Unterhinterstuttern haben sie noch immer keinen elektrischen Strom. Und jetzt war der Gurglbauer zum erstenmal in der Stadt.
„Wie war's denn?" fragt ihn die Gurglbäuerin.
„Ja, da gibt's ganz schön was zu schauen!" sagt der Gurglbauer. „Aber in der Nacht kann man nicht schlafen. In meinem Zimmer hat die ganze Nacht das Licht gebrannt."
„Und warum hast du's nicht ausgeblasen?" fragt die Gurglbäuerin.
„Ich hab's ja probiert", sagt der Gurglbauer, „aber die haben die Kerzen in Glaskugeln."

Großer Kindernachmittag. Ein Zauberer zeigt tolle Tricks. Sein bester: Er zieht ein Ei nach dem anderen aus den Ohren eines kleinen Jungen.
„Na, Kleiner", sagt der Zauberer, „das kann deine Mama nicht, so viele Eier herbeischaffen, ganz ohne Huhn."
„Doch, kann sie", sagt der kleine Junge, „wir haben Enten zu Hause."

Heiner: „Gestern sah ich einen Kerl mit unglaublich langen Armen. Seine Hände hingen bis zum Boden hinab. Als er die Stufen zum Rathaus hochlief, stieg er tatsächlich drauf."
Holger: „Was! Er lief die Stufen hoch und trat sich dabei auf die Hände?"
Heiner: „Nein, auf die Stufen."

Der bärtige Verkäufer auf dem Wochenmarkt preist das Haarwuchsmittel in den höchsten Tönen an. „Erfolg garantiert", schreit er, „Haare wachsen wie verrückt."
„Haben Sie Beweise?" fragt ein glatzköpfiger Mann.
„Habe ich, habe ich!" brüllt der Marktschreier. „Sehen Sie meinen Vollbart?"
„Der ist ja nicht zu übersehen", sagt der Glatzkopf.
„Das ist der Beweis!" ruft der Verkäufer triumphierend. „Dabei hatte ich bloß den Stöpsel mit den Zähnen aus der Flasche gezogen!"

Kannst du boxen?"
„Nein."
„Judo?"
„Nein."
„Karate?"
„Nein."
„Hände hoch!"

Herr Brösel ruft im Supermarkt an und läßt den Obstverkäufer ans Telefon holen.
„Ich habe mir bei Ihnen eben zwölf Orangen einpacken lassen", sagt Herr Brösel verärgert, „und dann komme ich nach Hause, und was sehe ich? Nur elf Stück sind in der Tüte!"
„Ich erinnere mich", sagt der Verkäufer. „Wissen

Sie, eine Orange war schon schlecht, und die habe ich gleich weggeworfen."

Ein Bettler klopft bei Tante Emma ans Küchenfenster. „Wenn Sie eine Kleinigkeit für einen armen Teufel haben", bittet er.
„Nein", sagt Tante Emma.
„Bitte!" sagt der Bettler. „Haben Sie doch ein Herz!"
„Na schön", sagt Tante Emma. „Ich habe eben einen Kuchen gebacken. Da gebe ich Ihnen die Hälfte. Aber dann gehen Sie weg und kommen nie mehr im Leben wieder. Ist das klar!"
„Tja", sagt der Bettler, „Sie müssen selber wissen, wie Ihr Kuchen schmeckt."

Herr Hömpel will einen Wollpullover kaufen. Einer gefällt ihm sehr gut. Trotzdem ist sich Hömpel nicht ganz sicher.
„Und bei Regen?" fragt er zweifelnd. „Wie macht sich der Pullover bei Regen?"
„Ganz prima", sagt der Verkäufer. „Oder haben Sie schon mal ein Schaf mit Schirm gesehen?"

Ein Mann braucht eine neue goldrandgefaßte Lesebrille und geht zum Optiker. Ein wirklich sehr attraktives Mädchen bedient ihn. „Sie wünschen?" fragt sie und strahlt ihn an. Der Kunde ist ziemlich durcheinander.

„Ich brauche eine roldgandgefaßte Resebille, ich meine Breselille. Also, eine gondraldfegaßte ... äh ... Bresen zum Lillen. Also ...“
Die Verkäuferin läuft in die Werkstätte.
„Da steht einer und will gondraldfegaßte Breselillen“, sagt sie.
„Na, und?“ sagt der Chef. „Wenn er sie bezahlen kann.“

Heiner: „Hattest du mir nicht erzählt, daß du jetzt nicht mehr rauchst?“
Holger: „Tu’ ich auch nicht.“
Heiner: „Verstehe ich nicht. Ich sehe doch, daß du genausoviel rauchst wie früher.“
Holger: „Stimmt. So viel wie früher. Aber nicht mehr.“

Im Kleiderladen. Ein Mann mit unglaublich langen Armen, einer zehn Zentimeter länger als der andere, sagt zum Verkäufer:
„Ich würde gern mal ein Sakko sehen, das mir paßt.“
Der Verkäufer guckt ihn von oben bis unten an und sagt: „Ich auch.“

Herr Knall hat sich di[illegible] Bodybuilderbuch gekauft.
„Jetzt übe ich schon zwei M[illegible]“, erzählt er dem Nachbarn.

„Und? Wie wirkt sich das aus?“
„Prima“, sagt Herr Knall. „Jetzt kann ich es schon mit einer Hand aufheben.“

Heiner: „Der Mann da drüben, dem schulde ich mehr als irgendeinem anderen Menschen auf der Welt.“
Holger: „Und wer ist das?“
Heiner: „Mein Vermieter.“

Oma Brösel fliegt zum erstenmal.
„Und Sie bringen uns sicher wieder nach unten?“ fragt sie den Kapitän.
„Ganz sicher“, sagt der Kapitän. „Ich habe noch nie einen oben gelassen.“

„Na, wie gehen die Geschäfte?“ fragt der Bankdirektor.
„Prima“, sagt der Kunde. „Und bei Ihnen?“
„Ach“, sagt der Bankdirektor, „wir suchen einen neuen Kassier.“
„Aber Sie hatten doch letzte Woche einen neuen Kassier!“
„Genau“, seufzt der Bankdirektor, „den suchen wir.“

„Herr Ober, rufen Sie den Koch!“ verlangt der Gast.
Der Koch kommt aus der Küche.

„Dieser Apfelstrudel“, sagt der Gast, „ist zäh, der Teig ist dick, die Äpfel sind vergammelt, und die Brösel sind ranzig. Das ist einfach eine Zumutung.“
„Hören Sie“, sagt der Koch, „erzählen Sie mir doch nichts. Ich habe schon Apfelstrudel gemacht, da waren Sie noch ein kleiner Junge.“
„Glaube ich Ihnen aufs Wort“, sagt der Gast. „Das ist einer von damals.“

Ein Mann fährt Karussell auf dem Rummelplatz, und er fährt und fährt und steigt nicht aus. Er wird grün im Gesicht, die Augen sind schon ganz glasig, aber er steigt einfach nicht ab. In der nächsten Pause kommt ein Mann auf ihn zu. „Hören Sie, ich bin Arzt“, sagt er, „und ich finde, Sie sollten aufhören, mit dem Karussell zu fahren. Sonst holen Sie sich gesundheitliche Schäden.“
„Geht nicht“, flüstert der Mann im Korb mit letzter Kraft, „ich muß noch fünf Runden fahren. Der Kerl, dem das Ding gehört, schuldet mir 100 Mark. Und wenn ich das Geld nicht verfahre, krieg’ ich’s anders nie mehr herein.“

Heiner: „Ich habe eine Wunderuhr, und sie hat nur zehn Mark gekostet.“
Holger: „Wieso eine Wunderuhr?“
Heiner: „Jedesmal, wenn ich auf die Uhr schaue, wundere ich mich, daß sie noch geht.“

Der Bettler klopft bei Tante Emma an das Küchenfenster.
„Ich habe Ihnen doch vor einer Woche schon mal einen Kuchen gegeben?“ sagt Tante Emma.
„Stimmt“, sagt der Bettler, „aber jetzt bin ich wieder auf den Beinen.“

„Bitte geben Sie Ihren Schirm an der Garderobe ab“, sagt der Museumswärter. „Sonst dürfen Sie nicht rein.“
„Aber ich habe doch gar keinen Schirm!“ ruft der Besucher.
„Tut mir leid“, sagt der Wärter. „Ich habe strenge Anweisung, niemanden reinzulassen, der seinen Schirm nicht abgibt.“
„Das ist ja absurd“, sagt der Besucher verzweifelt. „Wie komme ich denn dann ins Museum?“
„Wissen Sie was“, sagt der Wärter gutmütig. „Ich leihe Ihnen meinen.“

„Wach auf, Wilhelm!“ flüstert Frau Knolle aufgeregt. „Da ist jemand in der Küche unten. Ich bin aufgewacht und habe runtergeguckt, und da habe ich gesehen, wie jemand meinen frischgebackenen Kirschkuchen aufgegessen hat. Schnell, geh zum Telefon!“
„Und wen soll ich anrufen?“ flüstert Herr Knolle. „Die Polizei oder die Rettung?“

„Entschuldigen Sie, ich glaube, Sie haben Ihren Hut verkehrt herum aufgesetzt."
„Kümmern Sie sich um Ihren eigenen Dreck. Woher wollen Sie wissen, wohin ich gehe?"

Ganoven-Ede bewirbt sich als Bankkassierer.
„Wie können Sie es wagen", faucht ihn der Bankdirektor an, „Sie mit ihrem Vorstrafenregister. Da wollen Sie in einer Bank arbeiten!"
„Warum nicht?" sagt Ede. „Da liegt doch eine Menge Zaster rum."

Rolf darf zu einer spiritistischen Sitzung mitkommen. Dunkler Raum, geheimnisvolle Atmosphäre, gedämpfte Stimmen. Das Medium, eine hagere, blasse Frau, verspricht, Verbindung mit den Seelen der Verstorbenen im Jenseits aufzunehmen. Sie fragt Rolf, mit wem er gerne sprechen möchte.
„Mit Opa!" sagt Rolf.
Das Medium fällt in Trance, und eine weiche, dunkle, geisterhafte Stimme füllt den Raum.
„Hier spricht dein Großvater, Rolf. Du darfst mir eine Frage stellen."
„Ich möchte gerne wissen", sagt Rolf, „was du im Jenseits machst. Du bist doch noch gar nicht gestorben."

„Meine große Schwester hat Pickel, und da trinkt sie jetzt jeden Tag ein Glas Zitronensaft", erzählt Udo.

„Ach, deshalb guckt sie immer so sauer!"

Wirklich zu dumm

Anton und Rupert gehen fischen. Sie mieten ein Boot, fahren hinaus auf den See und versuchen ihr Glück. Vergeblich. Es wird Abend, und sie rudern zurück. Plötzlich bemerken sie, wie sich an einer bestimmten Stelle unter ihnen die Fische in dichten Schwärmen tummeln.
„Diesen Platz müssen wir uns unbedingt merken", sagt Anton. „Die vielen Fische! Da kommen wir das nächste Mal wieder her!"
„Prima Idee", pflichtet ihm Rupert bei. „Fragt sich nur, wie wir uns die Stelle merken sollen."
„Kein Problem", ruft Anton. „Wir schnitzen eine Kerbe in den Bootsrand!"
„Du bist vielleicht ein verrückter Kerl", brummt Rupert. „Und wenn sich ein anderer unser Boot ausleiht, fängt er uns alle Fische weg!"

Der alte Mann kommt nun schon zum zehnten Mal am gleichen Tag in die Drogerie, um Mottenkugeln zu kaufen. Wundert sich der Drogist: „Sie brauchen aber verdammt viele Mottenkugeln."
Entgegnet der Alte: „Ja, wenn die Biester so schwer zu treffen sind!"

„Jetzt hab' ich Sie aber erwischt!" herrscht der Polizist den Dieb an, als er ihn beim Einbrechen auf frischer Tat ertappt. „Wie heißen Sie denn?"
„Meier", antwortet der Dieb kleinlaut.

„Ah, das kennen wir schon", schimpft der Polizist, „Meier, Huber, Schmitt – das sagen sie alle, wenn sie erwischt werden. Wie heißen Sie nun wirklich, los!"
„Johann Wolfgang von Goethe", erwidert der Dieb.
„Na, sehen Sie", meint der Polizist zufrieden. „Warum haben Sie nicht gleich die Wahrheit gesagt!"

Kommt ein komischer Kauz ins Brillengeschäft und fragt den Optiker: „Brauchen Sie eine Brille?"
„Nein", sagt der Optiker, „ich brauche keine Brille, ich sehe sehr gut."
Tags darauf kommt der gleiche Typ wieder in den Laden und erkundigt sich abermals: „Brauchen Sie nicht vielleicht doch eine Brille?"
So geht das Tag für Tag. Immer wieder kommt der Mann ins Geschäft und fragt: „Brauchen Sie vielleicht jetzt eine Brille?"
„Nein, nein und nochmals nein!" brüllt ihn da der Optiker an. „Hauen Sie ab, ich kann Sie nicht mehr sehen!"
„Wußt' ich's doch", sagt der Mann triumphierend. „Sie brauchen ja doch eine Brille!"

„Bist du eigentlich abergläubisch?" will Heiner von Holger wissen.

„Überhaupt nicht!“ sagt Holger.
„Dann glaubst du also auch nicht an Horoskope?“
„Nicht im geringsten!“ sagt Holger. „Du mußt wissen, wir Skorpione sind unheimlich mißtrauisch!“

Der berühmte Bildhauer meißelt einen Hund aus einem riesigen Marmorblock. Man sieht schon Kopf und Ohren und Schwanz. Die Zuschauer sind beeindruckt. Einer fragt den Bildhauer ehrfürchtig: „Das muß ja furchtbar schwer sein, aus so einem Gesteinsblock einen Hund zu machen?“
„Ach“, antwortet der Künstler, „eigentlich ist überhaupt nichts dabei. Man muß bloß alles wegschlagen, was nicht zum Hund gehört.“

Eine sehr hübsche junge Frau betritt in Trauerkleidung ein Juweliergeschäft. „Mein Mann hat mir hunderttausend Mark für einen Gedenkstein hinterlassen“, sagt die Frau mit gedämpfter Stimme, „könnten Sie mir vielleicht einen Stein in dieser Preisklasse zeigen?“

Im Park. Ein Mann fährt seinen Kleinen mit dem Kinderwagen spazieren. Das Kind plärrt ununterbrochen. Der Mann beruhigt fortwährend: „Helmut, es ist alles in Ordnung, alles wird wieder gut, beruhige dich Helmut, ganz ruhig, Helmut.“

Eine ältere Dame beobachtet die Szene. „Es ist schön", sagt sie wohlwollend, „wenn ein Mann mit seinem Kind so behutsam und ruhig umgeht!" Dann beugt sie sich über das schreiende Kind und sagt „Ja, was ist denn mit dem kleinen Helmut?"
„Verzeihung", sagt der Vater, „Helmut bin ich. Der da ist Udo!"

Udo will die Straße überqueren. Aber es ist wie verhext. Ununterbrochen donnern Autos vorbei. Da sieht Udo einen Mann auf der anderen Straßenseite stehen.
„Wie sind denn Sie rübergekommen?" brüllt Udo hinüber.
„Gar nicht", schreit der Mann zurück. „Ich bin hier geboren!"

Es klingelt an der Wohnungstür. Frau Brösel macht auf. Es ist der neue Briefträger.
„Ist dieser Brief vielleicht für Sie?" fragt er. „Die Adresse stimmt, aber der Name ist unleserlich."
„Dann ist er nicht für mich", sagt Frau Brösel, „mein Name ist nicht Unleserlich. Mein Name ist Brösel."

„Bitte ein Kilo Essig!"
„Wieso, das heißt doch Liter!"
„Also gut, dann ein Kilo Liter!"

Heiner: „Sag mal, warum bist du ausgerechnet in Osnabrück geboren?"
Holger: „Ich wollte halt in der Nähe meiner Mutter sein!"

Der Professor will von der Jurastudentin wissen, was ein Betrug sei.
„Wenn Sie mich jetzt durchfallen lassen, so ist das zum Beispiel ein Betrug", antwortet darauf die Studentin.
„Ja, wie kommen Sie denn darauf?" fragt der Professor irritiert.
„Ganz einfach", erklärt da die Studentin. „Einen Betrug begeht, wer die Unwissenheit eines anderen ausnützt, um ihm Schaden zuzufügen!"

Herr und Frau Knorke besuchen zum ersten Mal die Oper. Sie sind sehr aufgeregt und wollen alles richtig machen, um ja nicht unangenehm aufzufallen. Fragt der Platzanweiser Herrn Knorke, ob er ein Textbuch haben möchte.
„Vielen Dank, nein", antwortet Herr Knorke, „wir wollten eigentlich nicht mitsingen!"

Ich habe zwei Karten reservieren lassen", sagt Frau Brösel an der Opernkasse.
„Für Don Carlos?" fragt die Kassiererin.
„Nein, für Brösel!"

Es war ein fürchterlicher Sturm. Endlich trauen sich die Leute wieder aus ihren Häusern und besichtigen die Schäden. Fragt ein Hausbesitzer den anderen: „Hat es dein Dach auch so erwischt?"
„Kann ich noch nicht sagen", erwidert der, „ich hab's noch nicht gefunden!"

Frau Bolle hat ihre Liebe zur Malerei entdeckt. „Schau mal her", ruft sie, „das ist mein neuestes Bild. Jetzt frage ich mich nur noch, wie ich es nennen soll."
„Auf der Flucht", schlägt Herr Bolle vor.
„Wieso ‚Auf der Flucht'?" will Frau Bolle wissen.
„Weil es zum Davonlaufen ist!"

Auf der Baustelle. Der Arbeiter soll auf eine hohe Leiter steigen, um den Schornstein auszubessern.
„Sei bloß vorsichtig", warnt der Baumeister, „und denk daran, daß ich dir hundert Mark Vorschuß gegeben habe!"

Heiner: „Sag mal, wieso nennst du deinen Hund ‚Gauner'?"
Holger: „Weil das unheimlichen Spaß macht. Wenn ich auf der Straße seinen Namen rufe, dreht sich jeder um."

Herr Gruber war während der Arbeitszeit beim Friseur. Als er zurückkommt, flüstert ihm sein Bürokollege zu: „Der Chef hat's doch bemerkt, daß du beim Haareschneiden warst."
„Und, was glaubst du, daß er jetzt mit mir machen wird?" fragt Herr Gruber.
„Er wird dir wohl den Kopf waschen!"

Der Neue in der Firma ist nett und willig, aber furchtbar langsam. „Sagen Sie mal", erkundigt sich der Chef ärgerlich, „gibt es eigentlich irgend etwas, was bei Ihnen schnell geht?"
„O doch", meint der Neue, „ich werde schnell müde!"

Der Malermeister ist mit seinem Lehrling auf der Baustelle. „Ich geh' mal Brotzeit machen", sagt er, „streich du inzwischen die Fenster!"
Als der Meister zurückkommt, fragt ihn der Azubi: „Und jetzt? Soll ich die Rahmen auch noch streichen?"

Das Telefon läutet. „Ist dort die Nummer drei-drei-drei?"
„Nein, tut mir leid, hier ist dreihundertdreiunddreißig!"

Der Wanderer ist um sechs Uhr morgens aufgebrochen, und jetzt ist er schon viele, viele Stun-

den unterwegs. So scheint es ihm zumindest; denn seine Uhr ist stehengeblieben. Da trifft er einen Bauern und fragt ihn nach der Uhrzeit.
„Zwölf Uhr“, sagt der Einheimische.
„Komisch“, sagt der Wanderer, „ich hätte schwören können, daß es schon später ist.“
„Nein, nein“, sagt der Bauer, „bei uns in den Bergen wird es niemals später als zwölf.“
„Wie denn das?“
„Bei uns in den Bergen“, sagt der Bauer, „fangen wir nach zwölf Uhr wieder mit ein Uhr an.“

Heiner: „Du kannst doch Englisch. Sag mir mal, was heißt eigentlich ‚I don't know‘?“
Holger: „Ich weiß nicht.“
Heiner: „Aber ich dachte, du kannst Englisch?“

Der Gurglbauer geht auf die Jagd.
„Warum hast du denn zwei Flinten mit?“ fragt ihn der Hirlbauer.
„Weißt du, Hirlbauer, wenn ich mit der ersten danebenschieße, nehm' ich schnell die zweite.“
„Verstehe ich nicht“, sagt der Hirlbauer. „Warum nimmst du nicht gleich die zweite?“

Weißt du, wie man einen Dummkopf auf die Folter spannt?
Erzähl' ich dir morgen.

Der Dummkopf geht in die Zoohandlung und verlangt ein Pfund Vogelsamen.
„Welche Vögel haben Sie denn?“ fragt der Verkäufer.
„Noch gar keine“, sagt der Dummkopf, „ich muß sie erst aussäen.“

„Wie schaffen Sie es eigentlich, daß bei Ihnen keine Maulwürfe den Garten umgraben?“ fragt der Nachbar.
„Ganz einfach“, sagt der Dummkopf, „ich verstecke den Spaten.“

Der Dummkopf geht zum Patentamt. Er hat eine prima Idee, wie man verhindern kann, daß sich Unterseeboote verirren.
„Das wäre ja toll“, sagt der Beamte. „Wie wollen Sie denn das machen?“
„Ganz einfach“, erklärt der Dummkopf, „man muß bloß die Leuchttürme auf den Kopf stellen.“

Der Dummkopf braucht eine neue Brille und geht zum Augenarzt. Der zeigt ihm eine Tafel mit Buchstaben und deutet auf die Reihe mit den kleinsten Buchstaben.
„Können Sie das lesen?“
„Nein“, sagt der Dummkopf.
„Und diese größeren Buchstaben hier?“
„Nein!“

„Und das da“, fragt der Augenarzt und deutet auf einen riesigen Buchstaben.
„Nein!“
„Das ist doch unmöglich“, sagt der Augenarzt, „daß Sie das da nicht lesen können.“
„Doch“, meint der Dummkopf, „ich kann nicht lesen.“

Neulich wollte der Dummkopf einen Kanal stehlen. Dann ließ er es aber doch sein. Der Kanal war überall vergittert.

Der Dummkopf hat sich den kleinen Finger gebrochen. „Herr Doktor“, sagt er, „wenn die Hand wieder gut ist, werde ich dann Klavier spielen können?“
„Natürlich!“ sagt der Arzt.
„Können Sie mir das versprechen?“
„Ja.“
„Toll!“ ruft der Dummkopf. „Vorher konnte ich's nämlich nicht.“

Der Dummkopf soll das Rauchen aufgeben. „Ach, das schaff' ich nie“, jammert er, „ich hab' doch schon alles versucht!“
„Haben Sie's auch schon mal mit Kaugummi statt Zigaretten probiert?“ fragt der Arzt.
„Klar doch“, sagt der Dummkopf, „aber die Dinger brennen so schlecht!“

Und wieder ist der Dummkopf beim Arzt. „Herr Doktor, ich glaube, ich hab' zuviel Eisen im Blut!“
„Wie kommen Sie denn darauf?“ fragt der Arzt.
„Mir wachsen schon Nägel aus den Fingern!“

Der Dummkopf hat sich eine Dampfwalze geliehen und fährt damit über sein Kartoffelfeld. Er will Kartoffelpüree ernten.

Kennst du den Witz von den beiden dummen Ballonfahrern, die hoch oben im Ballon gerauft haben?
Anschließend sind sie ziemlich stark aufgefallen.

Eigentlich wollte der Dummkopf Wasserski fahren, aber dann fand er keinen See mit Steilhang.

Und wieder meldet sich der Dummkopf beim Patentamt. Seine neueste Erfindung: ein wasserdichter Teebeutel.

Der Dummkopf ruft im Schuhladen an. „Hören Sie, die Schuhe, die Sie mir gestern verkauft haben, die drücken ja fürchterlich!“
„Sonderbar“, sagt die Verkäuferin. „Vielleicht tragen Sie sie an den falschen Füßen?“
„Unmöglich“, sagt der Dummkopf, „das sind die einzigen Füße, die ich habe.“

Der Dummkopf ist der einzige, der weiß, wie man von der Katze Milch bekommt. – Man muß ihr das Schüsselchen klauen.

Kennst du das dümmste Indianerrauchzeichen aller Zeiten?
Hilfe, meine Decke brennt!

Zwei Astronauten rasen durch den Weltraum.
„Weißt du, was ich gerne möchte", sagt der eine, „ich möchte gern zur Sonne fahren!"
„Ja, das wäre ganz toll", sagt der andere Astronaut. „Aber die Sonne ist viel zu heiß. Wenn wir da hinfahren, verbrennt sie uns."
Der erste Astronaut denkt scharf nach. „Ach was sind wir beide doch dumm", ruft er, „dann fahren wir halt in der Nacht hin!"

„Dieser Dummkopf war so dumm, daß er seine elektrische Heizdecke mit seinem Toaster verwechselte."
„Und was passierte?"
„Er konnte nicht schlafen."
„Und warum nicht?"
„Alle drei Minuten mußte er aus dem Bett hüpfen."

Heiner: „Heute hatte ich einen sonderbaren Traum. Ich träumte, ich war auf dem Jahrmarkt

und habe eine Zuckerwatte gegessen. Zuckerwatte, nichts als Zuckerwatte."
Holger: „Und dann?"
Heiner: „Und dann bin ich aufgewacht. Das Kopfkissen war leer, und ich hatte den Mund voller Federn."

Kennst du den Witz von dem Dummkopf, der sich die Zähne verkehrt herum einsetzte?
Er aß sich selber auf.

Der dumme Leuchtturmwärter hat seinen Job verloren. Jetzt bewirbt er sich beim Strandorchester in Cuxhafen als Musiker.
„Welches Instrument spielen Sie?" fragt ihn der Dirigent.
„Das Nebelhorn."

„Ich kenne einen, der kann den Boden mit dem Kopf berühren, ohne daß er auf den Händen oder Füßen steht."
„Toller Trick. Wie macht er das?"
„Er fällt dauernd aus dem Bett."

Der Hinterhuberbauer hat ein Pferd, und der Oberhuberbauer hat auch ein Pferd. Aber es gibt nur eine einzige Weide. Um die Pferde nicht zu verwechseln, bindet der Hinterhuberbauer seinem Pferd eine blaue Schleife an den Schwanz.

Jeder Bauer treibt abends sein eigenes Pferd heim in seinen Stall.
Doch eines Tages passierte es. Das blaue Band ist verschwunden. „Teufel noch einmal“, sagte der Hinterhuberbauer und kratzte sich am Kopf, „da haben wir den Dreck. Welches Pferd gehört jetzt mir und welches dir?“
„Keine Ahnung“, sagt der Oberhuberbauer, „aber da kann man jetzt auch nichts mehr machen.“
„Ist auch schon egal“, sagt der Hinterhuberbauer, „weißt du was, ich nehm’ einfach das schwarze Pferd und du das weiße.“

An der Tür steht ein Vertreter und preist seine Küchenmaschine. „Dieses Modell“ sagt er, „erledigt die Hälfte Ihrer Küchenarbeit!“
„Tatsächlich die Hälfte?“ fragt Frau Knall.
„Tatsache!“ sagt der Vertreter.
„Gut“, erwidert Frau Knall, „ich nehme zwei Stück.“

Der Dummkopf war nach dem Aufstehen immer eine Stunde lang unheimlich müde. Jetzt hat er sich vorgenommen, jeden Tag eine Stunde später aufzustehen.

Heiner: „Du bist so was von blöd, Holger, so was von blöd. Wahrscheinlich hat dich dein Kindermädchen zu heiß gebadet.“

Holger: „Irrtum. Wir waren arme Leute und konnten uns gar kein Kindermädchen leisten. Das hat meine Mama persönlich gemacht."

„Sagen Sie, Frau Bolle", sagt der Chef zur Sekretärin, „was soll eigentlich die Käsestange hinter Ihrem Ohr?"
Frau Bolle erstarrt. „Um Himmels willen", ruft sie, „jetzt habe ich den Bleistift gegessen!"

Der Dummkopf hat ein Heilmittel für Plattfüße erfunden: eine Fußpumpe.

Heiner hat einen Ferienjob bei einer Bootsvermietung am Wolfgangsee. Es ist ein friedliches Geschäft, doch jetzt zieht ein Gewitter auf. Alle Ruderboote streben heimwärts. Der Himmel färbt sich dunkel, Wind kommt auf, die Wellen werden höher. Da sieht Heiner noch ein Boot draußen am See. Er greift zum Megaphon und brüllt: „Boot Nummer 9, sofort zurückkehren, ich wiederhole, Boot Nummer 9, sofort zurückkehren!"
„Hör doch auf", sagt sein Chef, „wir haben doch nur acht Boote!"
Heiner stutzt. Dann nimmt er das Megaphon und brüllt: „Boot Nummer 6, haben Sie Probleme, ich wiederhole, Boot Nummer 6 ..."

„Herr Doktor, helfen Sie mir“, klagt der Patient, „ich habe einen Fotoapparat verschluckt!“
„Na so was“, sagt der Arzt, „dann hoffen wir, daß sich daraus nichts entwickelt.“

Was ist klein, weiß, kalt und fliegt aufwärts?
Eine dumme Schneeflocke.

Die beiden dummen Astronauten funken zur Erdstation: „Tut uns leid, aber heute können wir nicht auf dem Mond landen.“
Funkspruch zurück: „Warum nicht?“
Funkspruch zur Erdstation: „Der Mond ist voll.“

Der neue Schaffner geht durch den Zug und kneift die Leute. Alle regen sich furchtbar auf. Endlich kommt der Zugchef und stellt den Mann zur Rede.
„Was machen Sie denn da?“
„Vorschrift“, sagt der neue Schaffner.
„Welche Vorschrift?“
„Der Schaffner nimmt den Fahrgästen die Fahrkarten ab und zwickt sie.“

Mitternacht ist längst vorbei. Herr und Frau Knall liegen im Bett.
„Herrgott noch einmal, hab’ ich einen Durst“, stöhnt Herr Knall. Es ist wieder still. Frau Knall dreht sich seufzend um.

Dann wiederum: „Herrgott noch einmal, hab' ich einen Durst. Nein, was ich für einen Durst habe."
Frau Knall beißt die Zähne zusammen.
Nach einer Weile geht es wieder los: „Herrgott noch einmal, hab' ich einen Durst!"
Da wird es Frau Knall zu bunt. „Jetzt steh doch auf, und trink endlich was", zischt sie voller Zorn.
Herr Knall steht auf, schlurft in die Küche, trinkt ein großes Glas Wasser und legt sich wieder ins Bett. Alles ist still und friedlich. Frau Knall ist gerade beim Einschlafen, da hört sie ihren Mann stöhnen.
„Herrgott noch einmal, hab' ich einen Durst gehabt ..."

Der Dummkopf suchte nach einer Blume, die er mit in den Urlaub in die Tiroler Berge nehmen konnte. Er entschied sich für eine Kletterrose.

Heiner: „Jetzt habe ich mich entschlossen, doch zu Hause zu bleiben."
Holger: „Aber du wolltest doch mit dem Ballon rund um die Erde fliegen. Die ganzen letzten Wochen hast du von nichts anderem gesprochen!"
Heiner: „Tja, war alles heiße Luft."

Der Dummkopf bewirbt sich beim Zirkus als Zwerg.

„Aber Sie sind ja fast zwei Meter groß", sagt der Direktor.
„Das ist ja das Sensationelle", erklärt der Dummkopf, „ein fast zwei Meter großer Zwerg."

„Ich liebe dich", flüsterte der Wurm, „ich liebe dich, ich liebe dich!"
„Ach Dummkopf", flüsterte der andere, „ich bin doch dein anderes Ende."

Heiner: „Mein Cousin hat im Zirkus gearbeitet. Er hat sich von einer Kanone durchs Zelt schießen lassen. Jetzt sucht er einen neuen Job."
Holger: „Warum denn?"
Heiner: „Er war wirklich zu dumm. Er hat den Direktor erschossen."

Herr Knall war auf Urlaub in Rußland. „War sicher interessant", meint der Nachbar. „Wie haben Sie es dort gefunden?"
„Ganz wie bei uns", sagt Herr Knall, „die Russen malen die gleichen kleinen Männchen und Weibchen auf die Klotüren."

Der Friseurlehrling hat seinen ersten Arbeitstag. Der Meister nimmt ihn beiseite, schaut ihm in die Augen und sagt mit ernster Stimme:
„Hör gut zu! Ich gebe dir einen guten Rat. Rasiere niemals einen Mann mit einem Holzbein."

„Wieso denn nicht?“ fragt der Lehrling. „Mit einem Rasiermesser geht es viel besser.“

„Stell dir vor, Karl-Otto war vorige Woche in Amerika und hat dort Häuptling Fließendes Wasser und seine beiden Jungs kennengelernt.“
„Toll! Und wie heißen die Söhne?“
„Heiß und Kalt.“

Der neue Polizist kommt von seiner Runde zurück. Stolz berichtet er: „Stellt euch vor, ich hab’ sofort jemanden mit drei komplett, aber wirklich komplett abgefahrenen Reifen erwischt.“
„Glückwunsch“, rufen die Kollegen. „Wo steht er denn jetzt?“
„Dort drüben“, ruft der neue Polizist und zeigt auf die Dampfwalze.

Heiner: „Meine erste Frau war wirklich eine Nervensäge. Einmal sind wir spazierengegangen, da hat sie mich wegen ihrer Kleider genervt: ‚Ich habe diese alten Klamotten satt‘, hat sie gerufen, ‚ich will was Langes, Fließendes!‘“
Holger: „Und was hast du gemacht?“
Heiner: „Ich hab’ sie in den Fluß geworfen.“

Herr Hömpel fährt mit dem Taxi. Am Ziel angelangt, sagt der Fahrer: „Macht dreißig Mark.“ Herr Hömpel kramt in seiner Geldtasche. „Wie peinlich“, sagt er, „jetzt habe ich tatsächlich nur zwanzig Mark mit. Fahren Sie mich bitte ein Stück zurück.“

Der Wanderer fragte den alten Schafhirten: „Sagen Sie, wie viele Schafe haben Sie eigentlich?“
„Weiß ich nicht“, sagt der alte Schafhirte. „Jedesmal, wenn ich sie zähle, schlafe ich ein.“

„Familie Knall hat ihren Urlaub in Venedig vorzeitig abgebrochen.“
„Warum denn das?“
„Sie sagen, es war dort gerade Hochwasser.“

Ein Mann geht in eine Werkstatt und sagt: „Ich hätte gern ein gebrauchtes Raumschiff.“
„Dort hinten steht eins“, sagt der Meister. „Tolles Ding. Ein einziger Vorbesitzer und 700 Millionen Millionen Millionen Millionen Millionen Millionen Millionen Millionen Millionen Millionen Millionen Millionen Kilometer drauf.“

„Gestern waren wir im Theater. Was für ein Stück! Die Tochter drogensüchtig, der Sohn kriminell, der Vater ein Spinner, die Mutter krank!“
„Und gab es wenigstens ein Happy-End?“
„Das schon. Wir waren alle happy, als es zu Ende war.“

„Frau Knall, Frau Knall", ruft Frau Brösel aus dem Fenster, „Sie hier in der Gegend! Kommen Sie doch rauf auf ein Täßchen Tee!"
„Liebend gern", ruft Frau Knall zurück, „aber ich glaube nicht, daß wir beide auf einem Täßchen Tee Platz haben."

Ein Mann kommt in die Bäckerei.
„Haben Sie noch Brot übrig?"
„Gewiß."
„Dann hätten Sie besser weniger gebacken."

Heiner: „Komm rüber, laß uns eine Partie Billard spielen."
Holger: „Geht nicht. Da sitzt ein Elefant auf dem Billardtisch."
Heiner: „Wo? Ich sehe nichts."
Holger: „Er ist auch schwer auszumachen mit seiner grünen Mütze."

Die Bolles sind auf Urlaub in der Lüneburger Heide.
Da sehen sie eine riesige Schafherde.
„Wie viele Schafe sind das eigentlich?" fragt Herr Bolle den Schäfer.
„Neunhundertsechsunddreißig", sagt der Schäfer.
„Toll, wie Sie das wissen", sagt Frau Bolle. „Es ist sicher schwierig, die Schafe zu zählen."
„Wenn man den Trick kennt, ist es ganz ein-

fach", sagt der Schäfer. „Man muß bloß die Beine zählen und dann durch vier dividieren."

Der alte Mann schlurft die Straße hinunter und ächzt und stöhnt. Kommt der Pfarrer und sagt: „Na, Herr Meisenmann, Ihnen geht's aber gar nicht gut."
„Die verdammten Hühneraugen!" schimpft der alte Mann.
„Aber da läßt sich doch was machen", sagt der Pfarrer. „Gehn Sie doch rüber zum Doktor, und tun Sie was für Ihre Hühneraugen!"
„Warum sollte ich was für meine Hühneraugen tun?" schimpft der alte Mann. „Was tun denn die Biester für mich?"

Der uralte, steinreiche Graf läßt den Notar kommen.
„Folgendes", sagt der Graf. „Ich bin ziemlich krank geworden auf meine alten Tage. Jetzt war ich bei mehreren Ärzten, und alle teilen mir mit, daß meine Überlebenschancen sehr gering sind. Nun will ich mein Testament machen."
„Zu Diensten, Herr Graf", sagt der Notar. „Und wem wollen Sie Ihren Besitz hinterlassen?"
„Einem der Ärzte", sagt der Graf.
„Und welchem?"
„Demjenigen", sagt der Graf, „der mir das Leben rettet."

Die Jungen in der katholischen Internatsschule gehen zur Beichte.
„Ich war einer von denen, die Körner in den Schulteich geworfen haben“, gesteht der erste Junge.
„Aber das ist doch nicht weiter schlimm“, sagt der Pfarrer.
Der nächste beichtet: „Ich war einer von denen, die Körner in den Bach geworfen haben.“
„Merkwürdige Sache“, meint der Pfarrer, „aber keine Sünde.“
Der nächste Junge klettert in den Beichtstuhl.
„Na“, fragt der Priester, „warst du auch einer von denen, die Körner in den Schulteich geworfen haben?“
„Nein“, antwortet der Junge, „ich bin Körner.“

Die Knalls genießen die frische Luft auf dem platten Land. „Ist das nicht herrlich“, ruft Herr Knall, „saubere, klare Luft, keine Verschmutzung, nichts!“
„Ja“, sagt Frau Knall, „ich verstehe gar nicht, warum sie die Städte nicht hier draußen bauen.“

Großes Leichenbegängnis. Schwarze Pferde ziehen den Leichenwagen, eine Kapelle spielt den Trauermarsch, eine Unmenge von Leuten folgt dem Trauerzug.
Zwei Männer stehen am Straßenrand und schau-

en zu. „Wissen Sie, wer da gestorben ist?" fragt der eine.
„Ich nehme an", sagt der andere, „der im Sarg."

Heiner: „Paß auf. Ich verkaufe dir etwas um eine Mark, wofür ich selbst zwei Mark bezahlt habe. Und dabei mache ich immer noch einen Gewinn."
Holger: „Moment mal, das gibt's doch nicht. Du hast für etwas zwei Mark bezahlt, verkaufst es mir um eine Mark und hast noch einen Gewinn dabei? – Unmöglich. Was ist es denn?"
Heiner: „Ein gebrauchtes Busticket."

Ein Mann kommt in eine Eisenhandlung und verlangt eine Packung verzinkter Rundkopf-Stahlklemmen. Die werden selten verlangt, und deshalb stehen sie ganz oben im Regal. Der Verkäufer zieht die Leiter heran, klettert ächzend hoch, holt eine Packung, klettert runter und verkauft sie dem Jungen.
Kommt der nächste Kunde und verlangt eine Packung verzinkter Rundkopf-Stahlklemmen. „Meine Güte", stöhnt der Verkäufer, aber natürlich klettert er die Leiter wieder hoch und holt die Packung.
Der nächste Kunde – derselbe Wunsch: eine Packung verzinkter Rundkopf-Stahlklemmen. Wieder klettert der Verkäufer hoch und zieht eine

Packung aus dem Regal. In dem Moment kommt ein zweiter Kunde in den Laden. „Brauchen Sie auch eine Packung verzinkter Rundkopf-Stahlklemmen?“ fragt der Verkäufer hoch auf der Leiter?
„Nein“, antwortet der neue Kunde. Der Verkäufer klettert mit der Packung runter und gibt sie dem ersten Kunden.
„So“, sagt er und wendet sich an den neuen Kunden, „und was brauchen Sie?“
„Zwei Packungen verzinkter Rundkopf-Stahlklemmen, bitte.“

Ein kleiner Junge steht vor der Haustür und versucht, die Klingel zu erreichen. Vergeblich. Er ist einfach zu klein.
Kommt ein Mann vorbei und meint: „Warte, ich helfe dir, Kleiner.“ Er drückt die Klingel.
„Danke“, sagt der kleine Junge. „Jetzt nichts wie weg!“

Heiner: „Mit einem einzigen Blick auf die Sonne kann ich dir zu jeder Tageszeit die genaue Stunde sagen.“
Holger: „Und ich kann dir sogar in der Nacht jederzeit die genaue Uhrzeit sagen.“
Heiner: „Unglaublich. Wie schaffst du das?“
Holger: „Ich guck’ auf die Uhr.“

Im Restaurant. Ein Mann steht auf und ruft: „Hat hier irgend jemand ein Bündel Hundertmarkscheine mit einem Gummiband rundherum verloren?“
Dutzende Leute springen auf und melden sich.
„Hier“, sagt der Mann zum ersten, der kommt, „ich habe das Gummiband gefunden.“

Der Dummkopf klettert den Zehnmeterturm hoch, steigt aufs Sprungbrett, lockert noch einmal seine Muskeln, tritt einen Schritt zurück, nimmt einen Anlauf und ...
„Halt“, brüllt einer von unten. „Springen Sie nicht! Da ist kein Wasser im Schwimmbecken!“
„Macht nichts“, sagt der Dummkopf und nimmt einen neuen Anlauf, „ich kann sowieso nicht schwimmen.“

„Fährt dieser Zug nach Plan?“
„Nein, der fährt nach Wien.“

Der Polizist hält den Autofahrer an.
„Nach den Aufzeichnungen unseres Radargerätes sind Sie mit 90 Kilometer in der Stunde durch die Ortschaft gefahren!“ sagt er streng.
„Unmöglich“, gibt der Autofahrer zurück. „Ich bin erst seit einer Viertelstunde unterwegs.“

Heiner: „Mein Onkel hat ein Holzbein."
Holger: „Das ist noch gar nichts. Meine Tante hat einen ganzen Holztisch."

Kunde: „Tut mir leid, aber dieser Anzug spannt viel zuviel. Der sitzt ja noch enger als meine Haut."
Schneider: „Enger als die Haut – unmöglich!"
Kunde: „Doch. Wenn ich nichts anhabe, kann ich mich setzen. Wenn ich den Anzug anhabe, kann ich das nicht."

Straßenschild in Ostfriesland: „Wenn dieses Schild so weit unter Wasser steht, daß die Schrift nicht mehr sichtbar ist, dann ist die Straße für jeden Verkehr gesperrt."

„Heute morgen hat mich ein furchtbares Krachen aufgeweckt."
„Was war es denn?"
„Der Tag ist angebrochen."

Herr Knall müht sich ab, allein einen schweren Küchentisch die Treppe hinunterzutragen. Herr Brösel sieht das und hilft ihm. Gemeinsam gelingt es ihnen, das schwere Stück aus dem Haus zu schaffen.
„Wohin soll denn der Tisch?" fragt Herr Brösel.
„Zum Schneider!" sagt Herr Knall.

„Wieso zum Schneider?"
„Ein neues Tischtuch anmessen."

„Dieses Streichholz will nicht brennen!"
„Komisch, gerade ist es noch gegangen."

Der Hirlbauer aus Unterstrutzing ist zum erstenmal an der Nordsee. Mit großen Augen wandert er morgens am Deich dahin. Da trifft er einen einheimischen Fischer.
„Das da", sagt der Hirlbauer, „das da ist bestimmt das Meer."
„Klar", bekräftigt der Fischer.
„Soll ja gut gegen Hornhaut an den Zehen sein, das Meer", meint der Hirlbauer.
„Ja", antwortet der Fischer. „Wissen Sie, was, ich bring' Ihnen einen Eimer Meerwasser, und dann können Sie ihre Füße baden. Für zwei Mark."
Der Hirlbauer ist einverstanden, und der Fischer läuft zum Strand, schöpft einen Eimer Wasser und bringt ihn hoch auf den Deich. Der Hirlbauer badet zufrieden seine Zehen.
Am Nachmittag will er wieder zum Meer gehen. Er klettert auf den Deich – und traut seinen Augen nicht. Es ist Ebbe, das Meer hat sich weit zurückgezogen. Da trifft er den Fischer wieder.
„Teufel", knurrt der Hirlbauer, „da haben S' heute aber ein gutes Geschäft gemacht!"

„Vorbei, vorbei, für immer vorbei“, jammert der Dummkopf. „Ich sag’s euch Leute: Vorbei, vorbei ...“
„Was denn?“ fragt sein Freund beunruhigt.
„Der heutige Morgen.“

Heiner: „Hast du gewußt, daß heute morgen die Züge und Busse im ganzen Land stehengeblieben sind?“
Holger: „Nein, das habe ich gar nicht mitgekriegt! Warum sind sie denn stehengeblieben?“
„Um die Passagiere aussteigen zu lassen.“

Frau Knolle hat ihre Diätkur wieder aufgegeben. „Was macht denn das für einen Sinn“, erklärt sie der Nachbarin, „wenn man sich zu Tode hungert, bloß um ein paar Jahre länger zu leben!“

Der Winter ist da. Der Dummkopf geht in die Autowerkstatt und fragt nach dem Preis für ein Frostschutzmittel.
„Zwanzig Mark der Liter“, sagt der Mechaniker.
„Und komme ich mit einem Liter durch den Winter?“
„Aber sicher“, sagt der Mechaniker.
„Und dann friere ich sicher nicht ein?“
„Sicher nicht!“
„Prima“, sagt der Dummkopf, „das ist ja viel billiger als ein Wintermantel. Eine letzte Frage noch:

Muß man alles auf einmal trinken oder so nach und nach?“

Der Dummkopf kreuzt beim Patentamt auf. „Ich habe etwas erfunden“, sagt er, „mit dem man durch die dicksten Mauern gucken kann.“
Der Beamte starrt ihn ungläubig an. „Und wie heißt das Ding?“
„Tja“, sagt der Dummkopf, „vorläufig habe ich’s Fenster genannt.“

Zwei Künstler unterhalten sich.
„Ich habe jetzt ernsthaft angefangen, Bilder zu malen“, prahlt der erste. „Ich mach’ nichts anderes mehr.“
„Glückwunsch“, sagt der andere. „Und hast du schon was verkauft?“
„Sicher“, erwidert der erste. „Mein Auto, meine Uhr, meine Briefmarkensammlung ...“

„Wie kommen Sie dazu, überall herumzuerzählen, daß ich ein Dummkopf bin?“
„Oh, Entschuldigung. Ich wußte nicht, daß es ein Geheimnis war.“

Schild in einer Tierhandlung. „Bolivianische Riesenschlange zu verkaufen. Allesfresser. Mag auch Kinder.“

Brösels haben Besuch. Es gibt Kaffee und Kuchen. Plötzlich ertönt von nebenan ein schauerliches Geräusch. Es quiekt und quakt in den furchtbarsten Tönen. Der Gast läßt vor Schreck fast die Tasse fallen.
„Lassen Sie sich nicht beunruhigen", sagt Frau Brösel. „Das ist nur unser Nachbar. Er übt Trompete."
„Und wie lange spielt er schon?" fragt der Gast.
„Zehn Jahre", antwortet Herr Brösel.
„Das ist ja furchtbar", meint der Gast voller Mitgefühl. „Zehn Jahre!"
„Na ja", sagt Frau Brösel, „richtig schlimm ist es erst seit einer Woche. Da hat er herausgefunden, daß man in die Trompete hineinblasen muß."

Die alte Gräfin hat zu malen begonnen. Stolz zeigt sie einem Gast ihr neuestes Bild.
„Ich würde Sie gerne um Ihr ehrliches Urteil bitten."
„Um offen zu sein, das hat überhaupt keinen Wert", meint der Gast.
„Ich weiß, ich weiß", sagt die Gräfin. „Ich möchte es trotzdem hören."

Heiner: „Wie ist deine neue Wohnung?"
Holger: „Nett, aber das Schlafzimmer ist sehr klein. Wir mußten die Tapeten abschaben, um die Betten reinzukriegen."

Der Dummkopf hatte auch einen Sohn. Immer wenn er besonders brav war, bekam er vom Vater einen Groschen und einen Klaps auf den Kopf. Heute ist er ein wohlerzogener fünfzehnjähriger Junge mit 1000 Mark auf der Bank und einem flachen Hinterkopf.

Kunde: „Geben Sie mir einen Spiegel."
Verkäufer: „Einen Handspiegel?"
Kunde: „Nein, einen fürs Gesicht."

Heiner: „Mach die Augen zu, und sag mir, was ich in der Hand habe."
Holger: „Einen Elefanten!"
Heiner: „Ach, du hast geguckt!"

Es ist eine Minute vor sechs. Ein nervöser Bankräuber stürzt in die Pfandleihanstalt und brüllt: „1000 Mark, oder ich schieße!"
„Netter Revolver", sagt der Pfandleiher, „100 Mark, oder ich schließe."

Der Dummkopf wandert durch den Bayerischen Wald. Über der Schulter trägt er einen Wegweiser, auf dem ‚Bayreuth' steht.
Fragt ihn ein anderer Wanderer, wozu er den Wegweiser mitschleppt.
„Ich wandere nach Bayreuth", sagt der Dummkopf, „und habe keine Lust, mich zu verirren."

Der Dummkopf bewirbt sich als Schafhirte. Nach dem ersten Tag fragt ihn der Bauer: „Na, sind alle 20 Schafe wieder im Stall? Hast du sie gezählt?"
„19 Stück habe ich gezählt", sagt der Dummkopf. „Und dann war noch eins, aber das ist so blöd herumgehüpft, daß ich es einfach nicht mitzählen konnte."

Der Dummkopf kommt ins Postamt.
„Entschuldigen Sie", sagt er, „wenn ich diesen Brief mit einer Mark frankiere, geht er dann nach Berlin?"
„Gewiß", sagt der Beamte.
„Aha", sagt der Dummkopf. „Aber mal angenommen, ich adressiere ihn nach Stuttgart ..."

Der Dummkopf liegt am Sandstrand im Schatten einer Palme. Der Tag vergeht, die Sonne wandert, und jetzt liegt er in der prallen Mittagssonne.
„Sie sollten aus der Sonne gehen", sagt ein anderer Urlauber.
„Ich denke nicht daran", sagt der Dummkopf. „Ich war zuerst da!"

Heiner: „Meine Oma holt die Kohlen im Nachthemd aus dem Keller."
Holger: „Meine Güte, kannst du ihr denn keinen Eimer besorgen?"

Heiner: „Hab' ich ja versucht. Aber sie sagt, ins Nachthemd passen mehr Kohlen rein."

„Da drüben geht mein Onkel Gustav. Er und Tante Hilde haben vor zehn Jahren das letztemal gestritten!"
„Das ist ja toll! Wie schaffen sie das bloß?"
„Tante Hilde ist nach Amerika ausgewandert."

Heiner: „Heute nacht hatte ich einen komischen Traum!"
Holger: „Los, erzähl."
Heiner: „Ich träumte, daß ich wach war. Aber als ich aufwachte, kam ich drauf, daß ich noch schlief."

Und dann gab es noch den Dummkopf, der die ganze Nacht wach lag und darüber nachdachte, wohin die Sonne verschwunden war.
Am Morgen dämmerte es ihm.

In dieser Reihe sind bereits erschienen:

Das Buch der 1000 Fragen und Antworten

Das Buch der 1000 Quizfragen

Das Buch der 1000 Rekorde

Das Buch der 1000 Schülerwitze

Das Buch der 1000 Sensationen

1000 Rätsel der Urzeit